Gemeinsamkeiten entdecken

Mit schwerbehinderten Kindern kommunizieren

Andreas Fröhlich, Angela Simon

Gemeinsamkeiten entdecken

Mit schwerbehinderten Kindern kommunizieren

verlag selbstbestimmtes leben

Bibliografische Information Der Deutschen Bibliothek
Die Deutsche Bibliothek verzeichnet diese Publikation in der Deutschen Nationalbibliografie; detaillierte bibliografische Daten sind im Internet über http://dnb.ddb.de abrufbar.

Gemeinsamkeiten entdecken
Mit schwerbehinderten Kindern kommunizieren
Andreas Fröhlich, Angela Simon
Düsseldorf: verlag selbstbestimmtes leben; aktualisierte Auflage 2008
ISBN 3-910095-58-5

Impressum

Gemeinsamkeiten entdecken
Mit schwerbehinderten Kindern kommunizieren*
Andreas Fröhlich, Angela Simon
Titelentwurf: Cornelia Pasch, Krefeld
Satz und Herstellung: reha gmbh, Saarbrücken

Der verlag selbstbestimmtes leben ist Eigenverlag
des Bundesverbandes für Körper- und Mehrfachbehinderte e.V.
Brehmstr. 5-7, 40239 Düsseldorf
Tel.: 0211/64004-0, Fax: 0211/64004-20
E-Mail: info@bvkm.de
www.bvkm.de

€ 9,90 [D]

Inhaltsübersicht

Einleitende Gedanken

Andreas Fröhlich, Angela Simon

„Communicare", lateinisch, heisst „Gemeinsamkeiten suchen, gemeinsamkeiten herstellen". Bei der Suche nach Gemeinsamkeiten stehen wir dafür ein, die Situation behinderter, ja auch schwer behinderter Kinder, nicht mehr defizitorientiert sehen zu wollen. Vielmehr sollen Kompetenzen, Fähigkeiten und Möglichkeiten in den Blickpunkt der Betrachtung gerückt werden. Das wollen wir auch mit diesem Buch, nämlich die kommunikativen Möglichkeiten von schwer behinderten Kindern, von Kindern also, die sich auf einem insgesamt vergleichsweise sehr frühen Entwicklungsstand[1] befinden und ihren Eltern, sowie anderen Bezugspersonen, in den Mittelpunkt rücken. Wir wollen Probleme aber nicht bagatellisieren, denn wir haben gelernt, dass Kommunikation und gerade auch die frühe Kommunikation häufig sehr erschwert wird durch all das, was eine schwere Behinderung mit sich bringt. Es sind die Nöte und Ängste der Eltern, es ist das ungewohnte, oft so schwer interpretierbare Verhalten des Kindes. Es sind Veränderungen in der Mimik, in der Atmung, in der Körperhaltung des Kindes, kurz, alles, was zur Mitteilungsfähigkeit gehört, kann bei einer sehr schweren Behinderung mit betroffen sein. Das Hören, das Sehen, das Verstehen kann betroffen sein – meist liegt ja eine sogenannte Mehrfachbehinderung vor.

Kommunikation ist aber immer etwas, was sich zwischen Menschen vollzieht. Kommunikation geht nicht von einem Menschen aus und wird von einem anderen aufgenommen, sondern Kommunikation wird von den Beteiligten gemeinsam erarbeitet, sie „formulieren" Regeln, sie „sprechen sich ab" was ein Laut, eine Geste, ein Gesichtsausdruck, eine veränderte Körperhaltung bedeuten soll. Mit diesen Möglichkeiten und mit diesen Schwierigkeiten will sich das vorliegende Buch beschäftigen.

Vor etlichen Jahren schon hatte sich eine Gruppe von Eltern sehr schwer behinderter Kinder darum bemüht, Informationen über die Kommunikationsentwicklung ihrer Kinder zu erarbeiten. Sie holten sich dazu Rat und Begleitung und es entstand ein Projekt, innerhalb dessen sehr viele Videoaufnahmen der Eltern mit ihren Kindern in kommunikativen Situationen gemacht wurden. Diese Videos wurden analysiert, ausgewertet und mit den Eltern besprochen, darüber hinaus konnten einige wichtige allgemeine Erkenntnisse abgleitet werden. Eine damalige Studentin in Heidelberg, Anke Lazarus, beschäftigte sich intensiv mit der Auswertung der Videoaufzeichnungen. Auf ihren wissenschaftlichen Ergebnissen beruht zum Teil das hier vorliegende Buch. Die drei detaillierten Kommunikationsbeispiele stammen aus ihrer Untersuchung, wurden jetzt allerdings noch einmal in eine neue sprachliche Form gebracht.

Andreas Fröhlich befasst sich seit 25 Jahren mit schwer behinderten Kindern und die Kommunikation mit ihnen stand immer im Zentrum des Interesses. Dazu sind viele Publikationen entstanden, praktische Umsetzungsversuche wie der „Baby-Talk" gehen auf ihn zurück. Er arbeitete mit der genannten Elterninitiative zusammen und betreute die wissenschaftliche Arbeit von Anke Lazarus.

Angela Simon griff nun in enger Absprache mit Andreas Fröhlich das Material und das Thema neu auf, formulierte den Text, so wie er hier vorliegt und fügte neuere Erkenntnisse aus der Forschung ein. In engem Gespräch mit Andreas Fröhlich entwickelte sie das Konzept der Kommunikationsförderung zum Teil noch weiter, so dass hier jetzt in hoffentlich gut lesbarer Form eine Schrift vorliegt, die allen an dieser Arbeit Interessierten eine unmittelbare Hilfestellung geben soll. Wissenschaftliche Sprache wurde nur an einigen Stellen verwendet, wo eine bestimmte Fachsprache unverzichtbar schien. In weiten Teilen war dies nicht nötig.

Ohne Kommunikation lässt sich keine Beziehung aufbauen, ohne Kommunikation lässt sich die Welt einem Kind nicht vermitteln. Wir brauchen eine möglichst differenzierte Kommunikation um unsere Beziehung gestalten zu können, um die Welt erfahrbar werden zu lassen. Kommunikation, dies ist uns Autoren besonders wichtig, ist keine Technik, sie ist nicht einfach Sprachaufbau oder Sprachförderung, sondern Begegnungsgestaltung zwischen Menschen. Natürlich sind wir dabei auf unsere menschlichen Möglichkeiten angewiesen, wir brauchen Ausdrucksformen und Verständnismöglichkeiten, die in diesem Buch beschrieben werden.

Sie als Leserin oder Leser werden sich allerdings immer vor Augen führen müssen, dass nicht nur jedes Kind verschieden ist, sondern auch jede Mutter, jeder Vater und jede andere Bezugsperson. Das heißt, mehrere Faktoren kommen zueinander und umso schwieriger wird es, allgemein gültige Aussagen zu machen. Ein schwer behindertes Kind kann möglicherweise mit verschiedenen Personen recht unterschiedlich kommunizieren. Wenn auch Austausch und Absprachen aller Personen im Umfeld des Kindes unbedingt erforderlich sind, kommt es doch immer darauf an, was die jeweiligen Kommunikationspartner für eine gemeinsame Kommunikation entwickeln, was ihnen wichtig und bedeutsam ist, wo sie Möglichkeiten finden, sich zum Ausdruck zu bringen. Es lassen sich wohl nur wenige Regeln aufstellen und wahrscheinlich gibt es zu jeder Regel eine Ausnahme. Dies heißt aber nicht, dass Kommunikation unsystematisch, regellos oder willkürlich wäre. Die Regeln müssen nur in jeder Beziehung neu gefunden und gewissermaßen festgelegt werden. Wir möchten Mütter, Väter und andere Bezugspersonen, aber auch professionelle Erzieher, Pflegekräfte, Lehrer und Therapeuten ermutigen, sich auf die individuelle Kommunikation einzulassen, nicht zu schnell nach den Regeln zu suchen, die eine scheinbare Normalität der Kommunikation ermöglichen. Angesichts schwerer Behinderung sind gerade die Professionellen verpflichtet, sich den Möglichkeiten der Kinder anzunähern und nicht zu erwarten, dass Kinder von sich aus in ihren schwierigen Lebens- und Erlebenssituationen für alle nachvollziehbare Kommunikationsfähigkeiten entwickeln.

Die intensiv erlebte Zweierbeziehung scheint uns als Beginn kommunikativen Handelns unverzichtbar. Schwerbehinderte Kinder brauchen Zeit und Exklusivität, sie müssen sich mit ihren Möglichkeiten ganz auf ein Gegenüber einstellen können, das seinerseits all seine Sensibilität und Aufmerksamkeit darauf verwendet, Zeichen des Kindes aufzunehmen und zu beantworten. Manche Kinder, aber auch manche Erwachsene brauchen dazu sehr viel Zeit, die man ihnen geben muss, wenn überhaupt so etwas wie Beziehung zu Stande kommen soll. Beobachtung und Begleitung kann dabei hilfreich sein, wenn sie die Individualität der beiden respektiert. Mit unseren Ausführungen möchten wir, Angela Simon und Andreas Fröhlich, Sie, liebe Leserinnen und liebe Leser, dazu ermutigen, sich auf diesen Weg zu machen und in der Begegnung mit schwer behinderten Kindern auch vieles Erstaunliche und Erfüllende für sich selbst zu erfahren. Kommunikation ohne Smalltalk, Kommunikation ohne aufgeblasene Worte kann eine tiefe Erfahrung werden. Halten wir uns vor Augen – das lateinische Ursprungswort communicare bedeutet: Gemeinsamkeit herstellen.

Kaiserslautern und Kirrweiler, im Herbst 2004

1 Wir bevorzugen die Verwendung der Begriffe „Entwicklungsstand“ und „Entwicklungsphasen“, da die Begriffe „Entwicklungsstufe“ oder „Entwicklungsniveau“ eine Höherwertigkeit der „nächst *höheren* Stufe“ implizieren. Für einen Menschen ist jedoch sein momentaner Stand der Entwicklung und seine aktuellen Bedürfnisse und Möglichkeiten gleich wichtig und gleichwertig. Es sei jedoch darauf hingewiesen, dass wir mit dem Begriff „Stand“ nicht eine starre Situation bezeichnen wollen, sondern ihn trotz einer eher untypischen Wortverwendung in diesem Kontext als dynamisch ansehen. Der Stand gibt Sicherheit zum nächsten Schritt.

1. Die Bedeutung von Kommunikation

Angesichts einer ständig zunehmenden Zahl von sehr schwer und oft mehrfach behinderten Kindern, Jugendlichen und Erwachsenen stellt sich immer drängender die Frage nach Hilfs-, Anregungs- und Unterstützungsmöglichkeiten. Eltern und Mitarbeiter suchen nach Möglichkeiten, angesichts scheinbar extremer Erziehungs- und Förderhindernisse dennoch Kontakte aufzubauen, sich zu verständigen und insbesondere in den Bereichen des alltäglichen Lebens kleine Fortschritte zu erzielen.

Warum aber stellen sich diese Fragen in besonderem Maße im Bereich der Kommunikation? Was bedeutet Kommunikation für Sie, liebe Leserin, lieber Leser? Nehmen Sie sich doch etwas Zeit, um kurz darüber nachzudenken.

Was würde es für Sie bedeuten, in nahezu allen „alltäglichen Verrichtungen“ auf die Hilfe anderer Menschen angewiesen zu sein und dabei Ihre Bedürfnisse nicht äußern zu können?

- ❑ Haferschleim und Kamillentee. Schon seit Ihrer Kindheit verabscheuen Sie sowohl Haferschleim, als auch Kamillentee. Davon abgesehen mögen Sie zum Abendbrot keine Süßspeisen. Aber es gibt jeden Abend Haferschleim und Kamillentee, das ist ja so bekömmlich! Sie wünschen sich in diesem Moment nichts sehnlicher als ein kräftiges Käsebrot und ein kühles Bier – aber das können Sie nicht sagen – und es gibt nur Haferschleim und Kamillentee.

- ❑ Live-Übertragung des Champions-League Finales FC Bayern München gegen Manchester United. In der 90. Minute führt der FC Bayern mit 1:0. In der 91. Minute erzielt Manchester United den Ausgleichstreffer. Als begeisterter Fußballfan fiebern Sie dem Ende entgegen. Welche Mannschaft wird das Spiel für sich entscheiden und den begehrtesten Pokal des europäischen Vereinsfußballs mit nach Hause nehmen können? Jemand kommt herein und schaltet das Fernsehgerät ab. Protest nicht möglich.

- ❑ Ein sonniger Sonntag Nachmittag, das Thermometer misst 27°C im Schatten. Sie liegen im Bett. Vor einer halben Stunde hat man Ihnen einen neuen Pyjama angezogen. Ein schöner Pyjama, aus warmem Flanell, damit Sie sich nicht verkühlen. Die Hose des selben ist Ihnen zu eng und der Gummizug der Hose schneidet Ihnen schmerzhaft in den Bauch. Damit Sie es auch wirklich warm genug haben, hat man Sie noch liebevoll besorgt bis zum Hals zugedeckt. Sie schwitzen. Ihr Bauch schmerzt. Ihnen ist langweilig und Sie sehnen sich danach, in einer schattigen Ecke des Gartens im Liegestuhl zu sitzen, den Duft des frischen Grases einzuatmen, das Zwitschern der Vögel und das Lachen der spielenden Kinder zu hören. Statt dessen der Geruch von Schweiß, die andauernde und manchmal unerträgliche Stille Ihres Schlafzimmers und ein im wahrsten Sinne des Wortes einschneidendes Erlebnis mit Ihrer neuen Schlafanzugshose. Aber niemand versteht, was Sie mitzuteilen versuchen.

- ❑ Es gibt da einen Menschen, dessen Wohlergehen Ihnen besonders am Herzen liegt. Ihr Partner vielleicht, eines Ihrer Kinder oder auch ein Freund. Leider haben Sie schon längere Zeit nichts mehr von diesem Menschen gehört. Kein Besuch, kein Brief, keine Nachricht. Sie sorgen sich, finden keine Ruhe über Ihren Gedanken. Wie geht es ihm? Ist er wohlauf? Es wird doch nichts passiert sein? Gibt es einen Grund für sein Fernbleiben? Hat es etwas mit mir zu tun? Nachfragen nicht möglich. Unruhe bleibt.

Was würde es für Sie bedeuten, wenn sie ihre Bedürfnisse, Freuden, Ängste und Fragen anderen Menschen nicht mehr mitteilen oder mit ihnen teilen könnten?

Kommunikation – das ist:	*Sich mitteilen und verstanden werden*
	Bedürfnisse äußern und beantworten
	Etwas mit anderen Menschen teilen
	Dazu gehören
	Nicht isoliert sein
	Sich orientieren
Kommunikation – das ist:	*Vor Freude übersprudeln*
	Sehnsüchte und Träume ausdrücken
	Wünsche äußern
Aber auch:	*Ängste und Fragen, Wut und Schmerz herausschreien*
	Weinen und lachen – leben!

Kommunikation als eines der elementarsten Bedürfnisse eines Menschen gehört zum Leben an sich

Kommunikation muss also als eines der elementarsten Bedürfnisse eines Menschen, als „lebensnotwendig“ angesehen werden. Carsten DE LA PORTE (1996, 31) schildert nach seinen Erfahrungen in der Arbeit mit schwer-mehrfachbeeinträchtigten Kindern und Jugendlichen sehr eindrücklich die Bedeutung von Kommunikation in einem Gedicht:

Wer hört dir zu, wenn du mir
krampfhaft versuchst zu sagen,
dass du keinen Hunger hast

Wer hört dir zu, wenn du mir
krampfhaft versuchst zu sagen,
dass du nicht müde bist

Wer hört dir zu, wenn du mir
krampfhaft versuchst zu sagen,
dass da kein Gestern existiert,
kein Morgen, kein Irgendwann

nur Jetzt, und Hier
und du und ich
und vielleicht der Mut
dich verstehen zu wollen

Eine Mutter (in Klauß, 1999, 29) drückt die Notwendigkeit der Kommunikation folgendermaßen aus:

> *„Unsere O. kann sich kaum ausdrücken, ob ihr was gefällt oder nicht. Das ist ja das Schwere der Behinderung, dass sie sich da so wenig mitteilen kann."*

Hindernisse in Verstehen und Kommunikation mit schwer-behinderten Menschen erweisen sich häufig als die bedeutsamste Behinderung im Zusammenleben

KLAUß (1999, 29) weist darauf hin, dass die Haltung dieser Mutter viele Eltern und Fachleute beschäftigt, dass sie die Schwierigkeiten in der Kommunikation mit schwer beeinträchtigten Menschen *„offenbar als größtes Problem im Zusammensein mit den Menschen, die wir als schwerst- und (meist) mehrfachbehindert nennen"* ansehen.

> *„Wir möchten gerne mit ihnen kommunizieren, wollen wissen was sie brauchen und ausdrücken möchten, ihnen etwas vermitteln oder sie zu etwas anregen – aber sie machen uns hilf- und ratlos, weil der Austausch von Mitteilungen nicht klappt."*

Er betont jedoch auch, dass es bei einer solchen Feststellung nicht bleiben kann. Wie in jeder anderen Begegnung gilt auch – und vielleicht in besonderem Maße – im Kontakt mit schwer beeinträchtigten Menschen: Man begegnet sich, macht sich ein vorläufiges Bild voneinander, agiert und reagiert – zunächst oft noch sehr intuitiv – reflektiert die Interaktion und versucht somit, zu einem Verstehen und zu einer Kommunikation zu gelangen, beziehungsweise diese zu verbessern.

Um dieses Ziel zu erreichen, ist es zunächst notwendig, sich das vor Augen zu führen, was wir über schwerbehinderte Menschen wissen (vgl. KLAUß, 1999). Wenn sich auch Bedingungen individuell unterschiedlich darstellen, gibt es doch Kenntnisse über Möglichkeiten und Schwierigkeiten, die auf viele schwer beeinträchtigte Kinder,

Jugendliche und Erwachsene[2] zutreffen und uns helfen können, zu erkennen, was der jeweilige Mensch in diesem Moment benötigt und die zu einem besseren Verstehen beitragen sollen.

[2] Da die später angeführte Untersuchung mit schwerbehinderten Kindern durchgeführt wurde, werden wir auch im weiteren Text von Kindern sprechen, wobei sich sehr viele der angesprochenen Aspekte auch auf Jugendliche und Erwachsene übertragen lassen.

2. Der Personenkreis schwerbehinderter Kinder

Nebst oben angeführtem Grund scheint eine genauere Beschreibung des Personenkreises an dieser Stelle auch deshalb wichtig zu sein, weil sich in den letzten Jahren ein gewisses „Begriffschaos“ in der Heil- und Sonderpädagogik entwickelt hat und Bezeichnungen je nach Verständnis und Blickrichtung sehr unterschiedlich verwendet werden. BÜRLI (2002, S.8) spricht von einer *„wirre(n), unklare(n) Terminologie“*.

Schwerbehinderte Kinder – von wem reden wir?

Da ist die Rede von schwerbehinderten, schwerstbehinderten, schwerstmehrfachbehinderten Kindern, von Kindern mit massiven Wahrnehmungsbeeinträchtigungen usw., womit zum Teil sehr unterschiedliche Menschen beschrieben werden. Diese Begriffsvielfalt deutet zwar einerseits die Heterogenität des Personenkreises an, über den wir sprechen, andererseits kann es durch unterschiedliche Verwendungen auch zu Missverständnissen kommen. Somit wird es notwendig, sich immer wieder genau darauf zu verständigen, worüber man spricht. Gleichzeitig sei an dieser Stelle darauf hingewiesen, dass wir in diesem Buch vorwiegend den Terminus „schwerbehinderte Kinder“ verwenden, weil unter dem Aspekt Kommunikation schwer einzuschätzen ist, welche Kinder den „Superlativ“ erfüllen – wer ist schwerst, wer am schwersten oder gar noch schwerer in seiner kommunikativen Entwicklung beeinträchtigt?

Die Zahl sehr schwer behinderter Kinder schien in den letzten Jahren ständig im Steigen begriffen. Hierbei werden insbesondere die Veränderung der medizinischen Hilfeleistung im Neonatalbereich bzw. auch in der Geburtshilfe angeführt (vgl. KALBE, 1991). LEYENDECKER und HORSTMANN (1997) stellten fest, dass die durch den Geburtsvorgang bedingten Behinderungen abgenommen haben, während immer mehr Kinder mit pränatal bedingten, meist schweren Behinderungen zur Welt kommen. KREBS (1991) geht von einer Schädigungskaskade aus, die möglicherweise bei einer frühen Disposition Problemphasen der Schwangerschaft und Geburt zunehmend intensiv schädigend wirksam werden lässt. Hinzu kommen vermehrt Kinder, die an den Folgen von Verletzungen, insbesondere von Schädel- Hirn- Traumata nach Unfällen oder Ertrinkungen leiden. Fraglich ist, ob auch die Anzahl der durch Infektion geschädigten Kinder wieder am Ansteigen ist. Das Robert-Koch-Institut Berlin bearbeitet derzeit eine große Übersicht zur Kinder- und Jugendgesundheit, konnte hierzu zum jetzigen Zeitpunkt jedoch noch keine Angaben machen. Eine eindeutige Aussage über Entstehungsbedingungen schwerer Behinderung lässt sich derzeit nicht machen.

Viele Autoren haben in den vergangenen Jahren versucht, das Problem „schwerster Behinderung“ pädagogisch zu fassen und dabei unterschiedliche Standpunkte der Betrachtung und verschiedene Blickrichtungen eingenommen. Eine allgemeingültige Definition ist in der Literatur daher nicht zu erwarten und nicht zu finden.

Schwere Behinderung wurde lange als umfassende Inkompetenz verstanden und damit wichtige Potentiale dieser Menschen vernachlässigt. Eine Definition durch Negativbeschreibung ist nicht angebracht

HEINEN und LAMERS (2001, 25) erklären unter Bezugnahme auf THEUNISSEN (1992) und FEUSER (1983), dass schwere Behinderung über Jahrzehnte als *„umfassende Inkompetenz“* verstanden wurde und man im Sinne biologisch medizinischer Normen nur die Defizite und Defekte fokussierte. Eine Beschreibung der Schwierigkeiten und Defizite, wie sie auch PFEFFER (1985) unter Bezugnahme auf SPECK (1974), HAHN (1976/1975), SCHRODER (1979b) und RUOFF (1979a) verwendet, birgt die Gefahr, dass ein schwer beeinträchtigter Mensch stigmatisiert und nicht als ganzer Mensch mit umfassenden Kompetenzen angesehen wird (vgl. HEDDERICH, 1999). FRÖHLICH (in HANSEN / STEIN, 1997, 148) betont außerdem,

> *dass „Negativ-Listen (...) einer humanistisch-pädagogischen Sichtweise (widersprechen und) daher durch den Versuch ersetzt werden (sollen), das vorhandene Potential dieser Kinder zu beschreiben.“*

In der ICF (Internationale Klassifikation der Funktionen) der WHO wird schwere Behinderung als mehrdimensional klassifiziert. Schwerbehinderte Menschen sind demnach in ihren Körperfunktionen und / oder Strukturen geschädigt, ihr Aktivitätspotential erscheint beeinträchtigt und ihre Partizipation an zentralen Lebensbereichen ist eingeschränkt. Diese drei Faktoren beeinflussen und bedingen sich gegenseitig im Kontext persönlicher Faktoren und Umweltfaktoren (vgl. WHO-ICF wiedergegeben nach HEINEN / LAMERS in FRÖHLICH, HEINEN, LAMERS (Hrsg.), 34f). Menschen mit schweren Behinderungen sind also in vielfältiger Weise beeinträchtigt, alle Lebens-, Erfahrungs- und Ausdrucksmöglichkeiten können davon betroffen sein.

Eine eindeutige Begriffsbestimmung ist wahrscheinlich nicht zu leisten, sie muss nicht einmal angestrebt werden, denn es handelt sich immer um individuelle Menschen. Eine „Explikation“, eine Art von Erklärung, kann das Gemeinte ausreichend abklären.

Schwere Behinderung – Versuch einer Explikation

Versuch einer „Explikation“:

> *„Gehen wir also davon aus, dass es sich um eine Beeinträchtigung des ganzen Menschen in allen seinen Lebensvollzügen handelt, die so schwer ist, dass er oder sie in den meisten Bereichen an die Grenzen dessen stoßen, was in unserem zwischenmenschlichen Umgang auch in einem sehr weiten Sinne als normal gilt. Schwerste Behinderung stellt eine Beeinträchtigung für alle*

beteiligten Interaktionspartner dar, sie erschwert auch die elementare Begegnung zwischen Menschen. Schwerste Behinderung ändert jedoch nichts am Menschsein, an der Menschenwürde und am Wert des Menschen." (FRÖHLICH, 1999, 13)

Eine ausführliche Diskussion um den Personenkreis schwerbehinderter Kinder und Jugendlicher findet sich im „Handbuch der Sonderpädagogik", Bd.12 (Hrsg. A. FRÖHLICH, 1991), sowie in FRÖHLICH, HEINEN, LAMERS (Hrsg., 2001): Schwere Behinderung in Praxis und Theorie- ein Blick zurück nach vorn.

Für unsere Zwecke soll im Sinne einer humanistisch – pädagogischen Sichtweise eine Kurzbeschreibung schwerbehinderter Kinder genügen, die versucht, positive Aspekte in den Vordergrund zu rücken:

Schwer behindert – Darstellung einer humanistisch-pädagogischen Sichtweise

Es sind Kinder,

- *die viel körperliche Nähe brauchen um direkte Erfahrungen machen zu können;*
- *sie brauchen körperliche Nähe um andere Menschen wahrnehmen zu können;*
- *sie brauchen Eltern, Pädagogen, Therapeuten, die ihnen die Welt, ihren Alltag und ihre Umgebung strukturieren und auf einfache Weise nahe bringen;*
- *sie brauchen Menschen, die ihnen Fortbewegung und Lageveränderung ermöglichen;*
- *sie brauchen jemanden, der sie auch ohne Sprache versteht und zuverlässig versorgt und pflegt, der ihnen auf ihre Bedürfnisse angepasste Spiel- und Lernangebote macht;*
- *die Kinder brauchen für die Befriedigung ihrer Bedürfnisse wenige Bezugspersonen, die sie so gut kennen und verstehen, immer besser kennen lernen und verstehen lernen wollen, dass sie den Anforderungen der Kinder gerecht werden können.*

Die Welt sehr schwer beeinträchtigter Kinder ist nach unserem derzeitigen Kenntnisstand konzentriert auf die unmittelbare Körpersphäre und ein ganzheitliches, körperlich-seelisches Erleben. Dies ist eine Lebensform, die wir alle im Säuglingsalter natürlich durchlaufen haben. Wir haben mit dieser Lebensform Erfahrungen gesammelt und können diese Erfahrungen auch wieder aktivieren um sie für andere nutzbar zu machen.

3. Kommunikation und Kommunikationsfähigkeit

Wie bereits versucht wurde, zu erläutern, gehört Informationsaustausch zwischen Menschen zum Leben an sich. Ohne einen solchen Austausch, der Zuneigung, Bedürfnisse, Befindlichkeiten ausdrückt, ist Zusammenleben nicht denkbar, das Individuum ginge zugrunde. Wo aber beginnt Kommunikation?

Kommunikation bedeutet etymologisch, also von der Herkunft des Wortes her betrachtet, nicht nur „Mitteilung", sondern auch, abgeleitet von dem lateinischen Begriff „communicare" – mitteilen, teilen, gemeinschaftlich machen und stammt nicht zuletzt von dem lateinischen Wort „communis" ab – gemeinschaftlich, allgemein, gemeinsam (vgl. KLUGE, 1999).

Aus dieser Definition geht klar hervor, dass es sich bei der Möglichkeit zu kommunizieren nicht einfach nur um die Fähigkeit handelt, eine Botschaft auszusenden, wie sie nach unserem Verständnis jeder Mensch besitzt; nein, es geht gerade auch um das Gemeinsame, die Interaktion, das Mitteilen und die Aufnahme und Erwiderung der Mitteilung.

Kommunikation – das ist: Gemeinsames Mitteilen und Verstehen, wenn zwei Menschen sich begegnen

Es reicht demnach auch nicht aus, zu sagen, Kommunikationsfähigkeit bestehe darin, Mitteilungen an andere zu machen und Mitteilungen anderer aufzunehmen und zu verstehen, weil es nicht um die Möglichkeit des Sendens allein und des Empfangens allein geht, sondern um ein gemeinsames Mitteilen und Verstehen im Kontext der Begegnung zweier Menschen.

Das folgende Beispiel soll unser Verständnis von Kommunikation verdeutlichen:

Sie rufen einen Freund, nennen wir ihn Peter, an. Peter hebt ab. Sie berichten ihm von den Ereignissen Ihres Tages und wie es Ihnen dabei ergangen ist. Peter erwidert nichts und sie legen den Hörer auf. Am folgenden Tag ruft Peter bei Ihnen an. Sie nehmen ab und hören genau zu, als Peter die Neuigkeiten von seiner Arbeit erzählt. Danach hängen Sie auf. Sowohl Sie selbst, als auch Ihr Freund Peter haben Mitteilungen an den Anderen gemacht. Sie beide haben auch die Mitteilungen des Anderen verstanden. Jedoch war dies ein einseitiges Geschehen, kein Dialog zweier Partner, kein Gespräch. Jeder hat geredet und auch verstanden, den Äußerungen des Anderen jedoch nichts erwidert. Die Gemeinsamkeit fehlt, es handelt sich nicht um Kommunikation im eigentlichen Sinne.

Die Autoren vertreten die Auffassung, man sollte erst von Kommunikation sprechen, wenn es um eine wechselseitige Kontaktaufnahme bzw. um Informationsaustausch zwischen Individuen geht.

Kommunikation könnte also

Kommunikation ist immer ein wechselseitiger Prozess

„jegliche wechselseitige Äußerung von Individuen bezüglich innerer oder äußerer Zustände oder Prozesse mit Hilfe des eigenen Körpers in Form sprachlicher, mimischer, gestischer oder anderer motorischer Vorgänge" sein. (FRÖHLICH, 1979, S. 104).

Die Fähigkeiten zu einer solchen wechselseitigen Kontaktaufnahme erwirbt das Kind nach dem Verständnis der Autoren schon intrauterin, also noch während es sich im Mutterleib befindet. PAPOUSEK (1998) weist darauf hin, dass die Grundlagen für Kommunikation und Interaktion bereits zu einem sehr frühen Zeitpunkt der Schwangerschaft vorhanden sind.

Bereits im Mutterleib erwirbt das Kind Fähigkeiten zur Kommunikation mit anderen Menschen

HAUPT (1993, S.371) legt dar,

dass ein Fötus „schon ab dem dritten Schwangerschaftsmonat (...) auf taktile Stimulation im Gesicht (reagiert)."

Ausführlich dargestellt sind solche intrauterinen Entwicklungen bei ZIMMER/JONAS, 1996.

Eine direktere und für die engsten Bezugspersonen deutlich erlebbare Kommunikation beginnt dann mit der Geburt des Kindes.

Schon ein Neugeborenes beginnt, zu kommunizieren, erste Äußerungen werden zu kommunikativen Signalen

„Schon im ersten Monat lernt das Kind das Schreien, das zuerst direkte körperliche Bedürfnisse signalisiert, auch als kommunikatives Signal einzusetzen, z.B. für den Wunsch nach Kontakt, Ansprache, Berührung, Anregung. Das Neugeborene kennt die Stimme der Mutter. Es lässt sich durch Aufnehmen, Streicheln, Hören der vertrauten Stimme, Körperwärme und Stillen beruhigen." (HAUPT, 1993, S.372).

Noch im ersten Lebensquartal differenziert das Baby sein Schreien so, dass die Eltern lernen können, dessen Bedürfnisse zu unterscheiden. Des weiteren verfügt es schon über eine ausgeprägte Mimik (s.u.), kann seine Bedürfnisse auch damit verdeutlichen.

Andere Autoren ziehen den situativen und sozialen Kontext mit ein, in dem Äußerungen gemacht und verstanden werden müssen (SZAGUN, 1996) oder sehen erst in den verschiedenen Fähigkeiten wie Lautäußerungen, Gesten und Blickausrichtung als Mittel der Verständigung mit einem Gegenüber zu einem bestimmten Ziel einzusetzen, das charakteristische Mittel der Kommunikation. Demnach wäre der Mensch aber erst ab einem Alter von ca. 5-6 Monaten fähig, mit anderen zu kommunizieren (vgl. SARIMSKI, 2001). Nach unserem Verständnis fallen Leben und Kommunizieren zusammen.

Leben und Kommunizieren fallen untrennbar zusammen

4. Die Vielfalt der Kommunikation

Menschen gehen stillschweigend davon aus, dass es ihnen möglich ist, Stimmungen, Wünsche, Anweisungen etc. anderen Menschen mitzuteilen und verstanden zu werden. Mit einer gewissen Selbstverständlichkeit wird dabei in der Regel von gesprochener Sprache ausgegangen, natürlich auch von Schriftsystemen, mittels derer in unterschiedlichen Formen kommuniziert wird. Die neuere Technologie hat weitere Kommunikationsmedien hinzugefügt. Dennoch sind diese hochentwickelten, kodierten Formen der Kommunikation nur vergleichsweise kleine, kognitiv sehr hoch entwickelte Teile aus einer Fülle von unterschiedlichen Möglichkeiten des menschlichen Informationsaustausches. Sprache in ihren unterschiedlichen Formen ist also nur eine von vielen Möglichkeiten der Kommunikation.

Menschliche Kommunikation kann sich einer Vielzahl von Medien bedienen

Wir gehen im Folgenden davon aus, dass menschliche Kommunikation eine zwischenmenschliche Verständigungsform mit dem komplexen Gebrauch unterschiedlicher Medien bedeutet. Kommunikation vollzieht sich ja nicht „an sich" , sondern unsere Mitteilungen an einen anderen Menschen benötigen immer ein bestimmtes Medium, das den „Transport“ übernimmt. In der Regel ist dieses Medium die Sprache bzw. die Schrift.

Es soll nun gezeigt werden, dass uns aber wesentlich mehr und vielfältigere Möglichkeiten zur Verfügung stehen, die wir auch in vielen kommunikativen Beziehungen nutzen. In vergleichsweise frühen Entwicklungsphasen treten Formen dieser anderen Medien stärker in den Vordergrund (vgl. FRÖHLICH, 1999, S. 62 ff).

4.1 Die visuelle Kommunikation

Die visuelle Kommunikation umfasst alles, was als zum Sehen gehörig oder sichtbar gilt. Die Informationsaufnahme aus geschriebener Schrift ist vielleicht die am weitesten fortgeschrittene Form visueller Kommunikation. Zur visuellen Kommunikation gehören sowohl hochtechnisierte Medien, wie beispielsweise das Internet, als auch der Austausch über Gebärden o.ä..

Visuelle Kommunikation – Alles, was ich sehen und mit meinen Augen mitteilen kann

Einen besonders wichtigen Bestandteil der Visuellen Kommunikation stellen jedoch auch direkte zwischenmenschliche Beobachtungen dar: Wir teilen uns in besonderem Maße über Mimik, Gestik und Proxemik (die Bewegungen der Menschen zueinander) mit. Schon ein Neugeborenes verfügt über die Fähigkeit, sich am Gesicht des Gegenübers zu orientieren und seinen Bezugspersonen über eine erstaunlich differenzierte Mimik Mitteilungen zu machen (vgl. PAPOUSEK, 1998, LARGO, 2002).

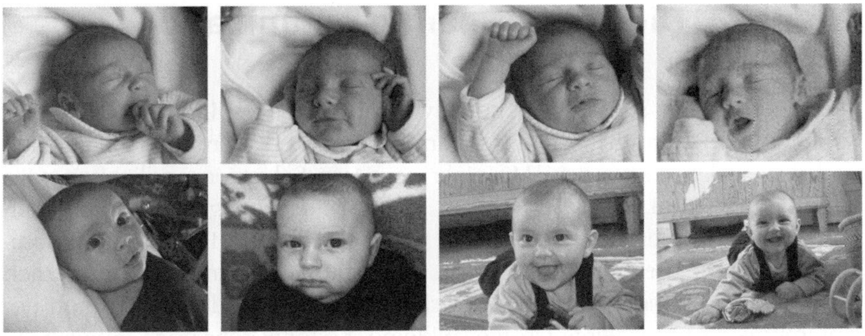

Abb. 1: Sehr deutlich ist zu erkennen, wie das Kind, das hier zu sehen ist, mit Hilfe von Körperhaltung und Mimik seine Befindlichkeiten und seine Aufmerksamkeit ausdrückt.

Diese Fähigkeiten sollen an dieser Stelle durch Bilder von einem Neugeborenen und einem Baby im Alter von wenigen Wochen / Monaten verdeutlicht werden.

4.2 Die taktile Kommunikation

Der Begriff taktile Kommunikation beschreibt eine Kommunikationsform, bei der wir uns über unsere Haut und damit über unser größtes, empfindlichstes und am höchsten entwickeltstes Sinnesorgan mitteilen und „Nachrichten" erspüren.

Ein sehr spezielles Beispiel der taktilen Kommunikation ist das Hand-Tast-Alphabet (Lormen), mithilfe dessen man sich mit sog. „taubblinden" Menschen, also mit Menschen, die sowohl gehörlos als auch blind sind, austauschen kann.

Taktile Kommunikation – Das, was ich erspüren und über Berührungen vermitteln kann

Die taktile Kommunikation beginnt allerdings schon deutlich früher, unmittelbarer und nicht so spezialisiert. Über unsere Haut nehmen wir Kontakt auf: mit uns selbst, mit anderen Menschen, mit den Dingen in unserer Umgebung. Schon unmittelbar nach der Geburt gibt die Mutter ihrem Säugling über sanfte Berührungen Liebe und Sicherheit zu verstehen. Kommunikation über Berührungen, über Körperkontakt, darf als elementarste Form der Kommunikation und Begegnung zweier Menschen angesehen werden.

Aber eine Mitteilung wie die der Mutter an ihren Säugling ist nicht als einseitig zu bewerten. MILZ (1992, 36) erläutert:

> *„Ich nehme nicht nur wahr, sondern ich vermittle auch demjenigen, der mich berührt, Informationen über mich und mein augenblickliches Befinden",*

womit es sich um echte Kommunikation im schon dargestellten Sinn und nicht nur um das Mitteilen einer Nachricht handelt. FRÖHLICH (1999) weist darauf hin, dass nicht nur die frühesten kommunikativen Erfahrungen hauptsächlich taktiler Art sind, sondern wir auch im Erwachsenenalter in Form vom Ritus des Händeschüttelns bis hin zur zärtlichen Umarmung über das Medium Haut kommunizieren.

4.3 Die somatische Kommunikation

Während die taktile Kommunikation über das Medium Haut stattfindet, ist in der somatischen Kommunikation der gesamte Körper mit seiner Haut, seinen Muskeln und Gelenken Kommunikationsmedium. Über somatische Angebote spüre ich mich im Ganzen, meine Lage, meine Begrenzungen, ich spüre mich ganz tief und ganz deutlich.

Gerade für Kinder ist es wichtig, sich immer wieder auf eine sehr deutliche Weise zu spüren, den eigenen Körper zu erleben, Grenzen und Begrenzungen wahrzunehmen und so auch Sicherheit zu erfahren. Immer wieder begegnen wir Kindern, die regelrecht nach eindeutigen Körpererfahrungen suchen und sich in sehr „enge" Situationen und Lagen begeben, diese brauchen um ruhig zu werden, zu sich zu finden, Sicherheit zu bekommen und sich dann wieder auf ihr Spiel, ihre Tätigkeit einlassen können.

Die vierjährige Anna hat große Angst vor lauten Flugzeugen, die hin und wieder das Haus überfliegen, in dem sie mit ihren Eltern wohnt. Hört sie, dass sich wieder ein Flugzeug nähert, so rennt sie zu ihrem Papa und klemmt fest ihren Kopf zwischen dessen Beine. Natürlich wird so auch das laute Geräusch des Flugzeuges gedämpft, sie findet aber auch Sicherheit und Halt in dieser Enge und Nähe des Vaters.

Somatische Kommunikation – Mitteilungen über den Körper

> *„Über Jahre hin ist es wichtig, dass das Kind mit seinen Eltern schmusen kann, dass es sich auf den Schoß, in die Arme flüchten kann, dass es sich stärkt und Trost holt oder auch in einer fröhlichen Rauferei mit dem Vater zeigen und spüren kann, wie nah man sich doch eigentlich ist. Der Austausch von Zärtlichkeit gehört zu den menschlichen Grundbedürfnissen und unser ganzer Körper spielt dabei mit, ist empfindsam und mitteilungsfähig. Wohl jeder Leser hat erfahren, wie erfüllend und wohltuend eine solche körperliche Kommunikation sein kann. Eine nur sprachlich- stimmliche Kommunikation bewirkt in uns kaum jenen emotionalen „Sättigungszustand", nach dem wir uns häufig so sehnen." (FRÖHLICH, 1999, 67)*

Auch kann ich über ein Anspannen oder auch Entspannen des gesamten Körpers, eine bestimmte Haltung, meinem Gegenüber meine Einstellung oder meine Befindlichkeit mitteilen.

Abb. 2

4.4 Die geruchliche Kommunikation

Geruchliche Kommunikation – Kann ich mein Gegenüber „gut riechen“?

Jeder Mensch hat seinen ganz eigenen, speziellen Geruch, für den vor allem die apokrinen Duftdrüsen des Körpers verantwortlich sind. Dieser individuelle Körpergeruch beeinflusst uns, teilweise unbewusst und nicht im engeren Sinne steuerbar, in unserer Sympathie oder Antipathie, die wir einem Menschen gegenüber empfinden, er beeinflusst somit also auch unsere Haltung gegenüber einem Menschen in unserer Kommunikation. Heute wird durch diverse Kosmetika der Eigengeruch des Körpers häufig unterdrückt und die Verwendung von Parfums soll dazu beitragen, dass man sich im wahrsten Sinne des Wortes „gut riechen“ kann.

„Die Signalwirkung von Parfums gerade unter dem kommunikativen Aspekt kann von jedem unmittelbar nachvollzogen werden. Jeder kennt auch Situationen, in denen geruchliche Eindrücke Kommunikation negativ belasten, sie eigentlich fast nicht aufkommen lassen. Die starke emotionale Einfärbung zeigt, wie elementar das Riechen die Kommunikation beeinflusst.“ (FRÖHLICH, 1999, 66)

4.5 Die geschmackliche Kommunikation

Geschmackliche Kommunikation – Essen und Kommunizieren

Schon ein Embryo im Mutterleib macht ab dem 4. Schwangerschaftsmonat sensorische Erfahrungen über den Mund. Der Fötus steckt intrauterin seine Hände hinein, saugt daran, schluckt Fruchtwasser. Der Mund, ein sehr sensibler Bereich des menschlichen Körpers, in dem sich viele Nervenbahnen befinden, ist daher schon ein sehr geschultes Wahrnehmungsorgan, wenn das Baby zur Welt kommt. In der frühesten Kindheit fallen Nahrungsaufnahme und Kommunikation häufig direkt zusammen. Gerade beim Stillen oder Füttern ist das mütterliche Gesicht dem des Kindes so nahe, das Kommunikation entstehen kann (vgl. 5.1.1, Abb. 5).

Aber auch im Kindes-, Jugend- und Erwachsenenalter nimmt Kommunikation einen wichtigen Platz in unserer Eß- und Trinkkultur ein und jeder Mensch, der bereits häufiger alleine essen musste, weiß um die Bedeutung der kommunikativen Aspekte des Essens.

In den ersten Monaten seines Lebens bleibt der Mund aber auch das wichtigste Erkundungsorgan des Kindes und über eine lange Zeit erforscht es seinen Körper, die Körper seiner Bezugspersonen und die Dinge aus seiner Umgebung mit dem Mund. Es sammelt Informationen über sich selbst und aus seiner Umwelt (vgl. LARGO, 2002).

„(...) Nicht selten sehen wir Kinder, die mit Leidenschaft und großem Interesse die Finger der Mutter ablutschen und mit dem Mund prüfen oder die einen besonderen Gefallen daran finden, die Nase des Vaters in ihren Mund zu stecken.“ (FRÖHLICH, 1999, 66)

Über die geschmackliche Wahrnehmung erhält das Kind also wichtige Informationen aus seiner Welt, gerade auch im kommunikativen Kontext.

Geschmackliche Kommunikation – Informationen aus meiner Umgebung erschmecken

Entgegen früherer Veröffentlichungen muss an dieser Stelle jedoch darauf hingewiesen werden, dass es sich hierbei nicht um eine Form der Kommunikation im eigentlichen Sinne handelt, da wir nicht in der Lage sind, etwas „Schmeckbares“ zu produzieren und unserem Gegenüber mittels des gleichen Mediums etwas zu erwidern. Eine andere „Sprache“ muss für eine Antwort gefunden werden.

Von Kommunikation können wir aber dennoch sprechen, wenn auch verschiedene „Transportmittel“ für die Informationen verwendet werden. Vergleichbar wäre dies mit einem Gespräch zweier Menschen mit unterschiedlicher Muttersprache, die die Sprache des anderen zwar verstehen, aber selbst nicht fließend sprechen können: In den Ferien in Italien betrete ich das Geschäft mit einem „Hallo“ und mir wird ein freundliches „Buongiorno“ erwidert. Kommunikation findet statt.

So kann ich mich zwar über den Geschmack nicht austauschen, aber das Kind sammelt über diese geschmackliche Wahrnehmung Informationen und erwidert freudige Erlebnisse vielleicht mit einem lauten Schmatzen, oder Unbehagen über eine entsprechende Mimik, woraufhin ich ihm beispielsweise sprachlich eine Rückmeldung geben kann. Kommunikation findet statt.

4.6 Die thermische Kommunikation

Auch über die Temperatur eines Körpers können wir Informationen über das Befinden eines Menschen erhalten. Dieser „thermische Informationsgehalt“ findet sich schon in unserer alltäglichen Sprache:

„Mir wurde ganz warm um`s Herz.“

„Da bin ich aber ganz schön ins Schwitzen gekommen!“

„Es lief mir eiskalt den Rücken hinunter.“

Thermische Kommunikation – Informationen aus unserer Körpertemperatur

Über unsere Haut können wir auch spüren, ob ein Kind Fieber hat. Eine sehr heiße oder ganz kalte Haut ist häufig ein Zeichen für Unwohlsein, Krankheit. Sehr kalte und vielleicht feuchte Hände lassen Anspannung spüren, während ein warmer Körper und ein eher kühles Gesicht oft Wohlbefinden ausdrücken. Hier ließen sich noch viele Beispiele finden.

Auch hier gilt, ebenso wie bei der geschmacklichen Kommunikation, dass ich die Informationen, die der andere mir über seinen Körper mitteilt, aufnehmen kann, allerdings meine Antwort auf dieser Ebene nicht aktiv gestalten kann. Auch hier muss ich eine andere Kommunikationsform für meine Antwort finden.

4.7 Die vibratorische Kommunikation

Vibratorische Kommunikation – Bis in die Tiefen spüren und spüren lassen

Schon in einer sehr frühen Phase der Schwangerschaft ist ein Embryo fähig, Schwingungen wahrzunehmen. Über Vibration spüren wir unseren Körper in seiner Tiefe, spüren die Ausmaße unseres Skelettes, das die Schwingungen weiterleitet. TOMATIS (1994) erläutert, dass vibratorische Schwingungen unsere Wachsamkeit und Grundstimmung beeinflussen. Viele schwer behinderte Kinder reagieren besonders gut auf vibratorische Angebote, die offensichtlich besonders intensiv aufgenommen werden. Erfahrungsgemäß haben vor allem Männer die Möglichkeit, über vibratorische Angebote ihres eigenen Körpers die Kinder zu erreichen. Aufgrund ihrer oft deutlich tieferen Stimmlage und des durch ihren Körperbau bedingten meist größeren Resonanzraums sind sie in der Lage, besonders tiefe und deutlich spürbare Schwingungen zu erzeugen. Jeder Vater, der sich sein Baby zur Beruhigung schon einmal leise summend auf den Bauch gelegt hat, kann die Wirkung eines solchen Angebotes nachempfinden.

Abb. 3

Auch hier gilt, dass dem Kind über Vibration Angebote gemacht und damit auch Informationen übermittelt werden können. Die Antwort des Kindes auf dieses Angebot muss allerdings wieder über ein anderes Kommunikationsmedium erfolgen.

Luca wurde gehörlos und mit komplexen Hirnfehlbildungen geboren. Er mag vibratorische Angebote besonders gern, vor allem im Kopfbereich und an den Füßen. Hält man Luca ein kleines, ihm schon bekanntes Vibrationsgerät für ihn gut sichtbar vor seine Füße, so streckt er sich diesem Gerät entgegen um die Schwingungen spüren zu können. Er zeigt: Was Du mir anbietest, mag ich gerne, mach weiter damit!

Wir sprechen von vibratorischer Kommunikation, wenn auch das Ausdrucksmittel des Kindes zur Erwiderung eines Angebotes ein anderes ist.

Jedem geborenen Menschen stehen durch seinen Körper, seine Wahrnehmungs- und Bewegungsfähigkeit zumindest rudimentäre Kommunikationsfähigkeiten zur Verfügung. Jeder Mensch ist also in der Lage, über unterschiedliche Medien Mitteilungen zu machen. Es bedarf jedoch eines Gegenübers, das diese Mitteilungen aufnimmt, interpretiert und reagiert um zu einer echten Kommunikation zu gelangen, in der es, im eigentlichen Sinne der Wortbedeutung, gerade auch um das Gemeinsame, die Interaktion, das Mitteilen und die Aufnahme und Erwiderung der Mitteilung geht.

Jeder Mensch verfügt über Möglichkeiten, sich mitzuteilen, bedarf aber eines Gegenübers, das seine Mitteilungen aufnimmt und beantwortet

Es kommt also nicht nur auf das Mitteilen können, sondern auch auf das Verstehen lernen an, auf ein Suchen und Finden eines gemeinsamen Kommunikationsmediums.

Kommunikation entwickelt sich immer in der Begegnung mit meinem Gegenüber. Im Folgenden werden daher frühe Interaktionsprozesse zwischen Mutter und Säugling und deren Bedeutung für die kommunikative Kompetenz dargestellt, anhand derer verdeutlicht werden soll, wie man das Wissen um solche kommunikationsstiftenden Prozesse in der Begegnung mit schwer beeinträchtigten Menschen nutzbar machen kann.

5. Frühe Interaktionsprozesse und ihre Bedeutung für die kommunikative Kompetenz

Ein Kind darf von Geburt an als aktiver Kommunikationspartner angesehen werden, nach und nach entwickeln sich die schon vorhandenen Fähigkeiten in der Interaktion mit seinen Bezugspersonen

„Nicolaus begrüßt seinen Vater. Er hebt den Kopf, zieht die Augenbrauen so hoch es geht, öffnet weit die Augen, ebenso den Mund. Sein intensiver Blick trifft zielsicher den des Vaters. Ohne Worte, aber unmissverständlich sagt dieses wenige Tage alte Kind: „Hallo!" (...) Es spricht eine internationale Sprache, die in der Wildnis von Alaska, im Dschungel des Amazonas, in der Savanne Afrikas oder auf irgendeiner Großstadtstrasse Mitteleuropas verstanden wird – auch unter Erwachsenen. Das mimische Begrüßungsritual findet immer da statt, wo sich zwei begegnen, die sich kennen oder kennen lernen wollen." (ZIMMER, 1991, 33)

Forschungen der Entwicklungspsychologie über die Natur der ersten sozialen Kontakte und deren Inhalte lassen vermuten, dass das Neugeborene genetisch auf die Interaktion mit anderen Menschen vorbereitet ist und von Geburt an als aktiver, sozialer Interaktionspartner gesehen werden muss (ZOLLINGER 1997), DORNES prägte den Begriff des *„kompetenten Säuglings"* (vgl. DORNES, 2001). Von Geburt an zeigt das Kind eine Vielzahl von Verhaltensweisen, die seinen Eltern, aber auch anderen aufmerksamen Bezugspersonen Auskunft über sein momentanes Befinden geben können. Das Neugeborene sendet diese Signale noch nicht bewusst aus, also mit dem Ziel, etwas mitzuteilen, vielmehr handelt es sich um zunächst unbewusste Ausdrucksformen.

Erwachsene verfügen über intuitive Verhaltensweisen, um die Signale ihrer Kinder quasi „automatisch" entsprechend zu „beantworten"

Ebenso wie das Kind verfügen auch seine Eltern über bestimmte Fähigkeiten, um in Austausch mit ihrem Baby zu treten und angemessen auf seine Bedürfnisse eingehen zu können. Die vom Neugeborenen ausgesandten Signale veranlassen seine Eltern dazu, in einer angepassten Art und Weise zu reagieren und auch dieses Verhalten von Mutter und Vater ist nicht erlernt, sondern geschieht meist unbewusst. PAPOUSEK und PAPOUSEK (1989, PAPOUSEK, 2001) sprechen von *„intuitivem elterlichen Verhalten"*. Sie gehen davon aus, dass es genetisch angelegt ist, um das Überleben des Kindes zu sichern, da die elterlichen Verhaltensweisen bei Erwachsenen in den unterschiedlichsten Kulturen zu beobachten sind. Beispiele hierfür werden später dieses Verhalten noch genauer darstellen.

Ein Neugeborenes drückt also zunächst unbewusst durch sein Schreien, seine Körper- und Handhaltung (vgl. PAPOUSEK 1998, FRÖHLICH 1999) und durch eine schon erstaunlich ausgeprägt Mimik sein momentanes Befinden aus, die engste Bezugsperson, meist seine Mama[1], reagiert intuitiv darauf und das Baby spürt, wie seine Mutter seine Bedürfnisse zuverlässig versorgt. Durch diese Abläufe werden Lernprozesse bei Kind und Eltern in Gang gesetzt. Das folgende Schaubild soll diesen ersten Prozess in der Entstehung eines Dialogs noch einmal verdeutlichen:

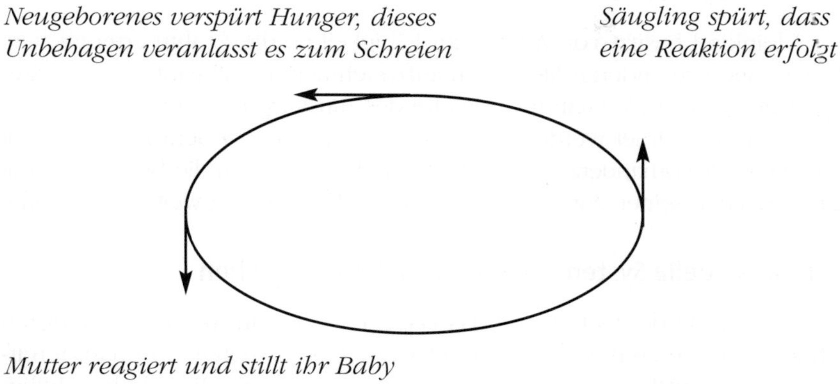

Abb. 4: Vollzieht sich dieser Kreislauf regelmäßig, wird das Baby lernen, dass es sein Schreien einsetzen kann, damit seine Bedürfnisse befriedigt werden. Man geht hierbei von dem Modell des operanten Konditionierens als Lernprozess in der Kommunikation aus.

Das Kind spürt, dass sein Verhalten Beantwortung findet, differenziert seine Ausdrucksformen mehr und mehr und seine Mutter lernt, diese Signale immer besser zu verstehen. Sie kann meist schon nach wenigen Wochen an der Art des Schreiens erkennen, was ihr Baby benötigt. Schon in diesen ersten Lebenstagen und -wochen werden also die wichtigsten Grundlagen für eine Entwicklung der Kommunikation gelegt, erste „Dialoge" entstehen.

Kommunikation entsteht, weil ein Kind das Antworten auf seine Bedürfnisse erlebt

Die genetischen Voraussetzungen und Lernprozesse stellen in den kindlichen Anpassungsprozessen an die neue Umwelt außerhalb des schützenden Mutterleibes eine untrennbare Einheit dar. Lernsituationen spielen sich beim Säugling v.a. während der sozialen Interaktion mit der primären Bezugsperson ab. Das Kind ist in der Lage, seine Verhaltensformen in jeder konkreten Situation immer wieder durch die Integration seiner Erfahrungen an die jeweilige Bezugsperson anzupassen und kann so aus den sozialen Erfahrungen Nutzen ziehen.

Seine Mama ist mit Eigenschaften ausgestattet, die ihr erzieherische und körperliche Betreuung ermöglichen. Diese „Grundausstattung" muss ebenfalls angepasst und weiter ausgebaut werden.

Die kommunikative Kompetenz des Kindes kann sich nur im Austausch mit einer Bezugsperson, die auf seine Signale reagiert und ihnen somit kommunikative Bedeutung zukommen lässt, entwickeln. Deshalb wird im Folgenden die Interaktion zwischen dem Kind und seiner Mutter immer eine große Rolle spielen.[2]

5.1. Das Repertoire des Kleinkindes

Das Kleinkind besitzt von Anfang an Fähigkeiten, die es ihm ermöglichen, Beziehungen zu anderen Menschen aufzunehmen. Diese Fähigkeiten, sozusagen die soziale „Ausstattung" des Kindes muss zwar als noch nicht ganz ausgereift bezeichnet werden, es interagiert jedoch zu jedem Zeitpunkt mit seinen jeweils vorhandenen Möglichkeiten, die sich durch die Begegnung mit den Menschen seiner, zunächst noch direkten, Umgebung weiter entwickeln.

5.1.1 Das visuelle System – sehen, ansehen, wegsehen

Unmittelbar mit der Geburt tritt das visuelle System in Aktion. Die meisten Fähigkeiten, die zum Sehen benötigt werden, sind bereits in unausgereifter Form vorhanden. So verengt sich beispielsweise die Pupille bei Helligkeit, damit nicht zuviel Licht ins Auge gelangt. Etwa ab dem 2. Lebensmonat blinzelt das Kind bei der Annäherung eines Objektes, es handelt sich dabei um einen Abwehrreflex, der auch bei Erwachsenen noch eine Schädigung des Auges verhindert.

Das Neugeborene kann mit seinen Augen ein Objekt, die Mama zum Beispiel oder auch einen Gegenstand, kurzzeitig fixieren und ihm auch folgen, wenn es in seinem Gesichtsfeld langsam bewegt wird. Allerdings kann es zu Beginn nur in einer Distanz von etwa 20 cm klar sehen. Ein bevorzugter visueller Reiz für den Säugling ist das menschliche Gesicht. Eine Präferenz hierfür, zumindest für Teile des Gesichts und zu Beginn vor allem für die Augen des Gegenübers, scheint angeboren zu sein.

Das Neugeborene scheint ein menschliches Gesicht als visuellen Reiz zu bevorzugen, die Nähe zum Gesicht der Mutter beim Stillen entspricht optimal seinen Möglichkeiten, klar zu sehen

> *„Neugeborene und Säuglinge (...) haben ein angeborenes Interesse am menschlichen Gesicht und an der menschlichen Stimme. Nichts in dieser Welt vermag sie so zu fesseln wie der Anblick eines Gesichts und die menschliche Stimme." (LARGO, 2002, 57)*

Geradezu ideal ist es daher, dass beim Füttern oder Stillen die Augen des Kindes ca. 20 cm vom Gesicht der Mutter entfernt sind.

Die Anatomie von Mutter und Kind, wie das Baby beim Stillen gehalten wird und die offensichtlich angeborene Bevorzugung des Neugeborenen, ein Gesicht zu betrachten, legt nahe, dass das mütterliche Gesicht als ein erster Schwerpunkt im frühen Aufbau der visuellen Welt gesehen werden kann und als ein Ausgangspunkt für das Entstehen einer frühen Beziehung zum Menschen (vgl. ZOLLINGER 1997).

Abb. 5

Ein Baby kann die Menge seiner visuellen Reize regulieren

Eine weitere, erstaunliche Fähigkeit des Neugeborenen ist, dass es die Menge der visuellen Stimulation selbst dosieren kann (vgl. LARGO, 2002). Die Mutter schaut ihr Kind an, spricht zu ihm, das Baby betrachtet das Gesicht der Mama und wendet sich dann müde ab (vgl. Abb. 6). Ist es wieder bereit, so kann es den Blickkontakt wieder aufnehmen. So zeigt das Baby schon sehr früh seine Bereitschaft zur Kommunikation, aber auch, wann es Ruhe braucht, um die gebotenen Reize zu verarbeiten. Es ist ja noch neu auf dieser Welt, nimmt langsamer wahr, benötigt länger um Gesehenes und Gespürtes zu verarbeiten und ermüdet noch schnell. Dieses aufmerksame Zu- und schließlich wieder Abwenden ist mithilfe von Fotos eines Babys, das gerade mit seinem Papa „spielt", kommuniziert, in Abbildung 6 dargestellt.

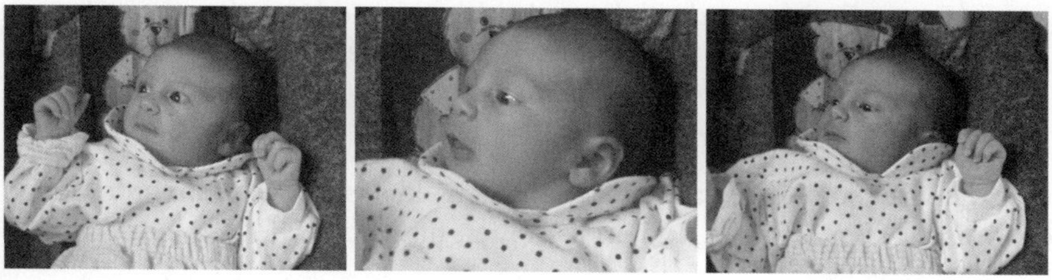

Abb. 6

Ab dem 4. Monat ist das visuelle System des Kindes im wesentlichen ausgereift. Damit haben sich seine Kommunikationsmöglichkeiten ungeheuer erweitert. Es ist nun fähig, neben bestimmten anderen Verhaltensweisen wie Mimik und Lautäußerungen auch seine Blickausrichtung so zu organisieren, dass sie von der Bezugsperson als kommunikative Signale und als Bereitschaft zu sozialer Interaktion verstanden werden können. Das Kind kann die Interaktion beginnen, indem es den Blick auf sein Gegenüber ausrichtet, was bewirkt, dass der Partner zurückschaut. Es entsteht eine wechselseitige Orientierung. Der Blickkontakt bildet eine Art Rahmen für die weitere Interaktion. Durch Blickabwenden, bzw. Abbruch des Blickkontaktes durch ein Drehen des Kopfes stehen dem Baby schon sehr früh Mittel zur Verfügung, eine Interaktion zu beenden.

Durch Blickausrichtung kann ein Kind ab dem 4. Monat sein „Thema“, das Objekt seines Interesses, zeigen

Wichtig ist auch die allmähliche Koordinierung der Blickausrichtung von Mutter und Kind, die in den ersten Lebensmonaten beginnt. Zu Beginn folgt der Blick der Mutter dem des Kindes. Sie erkennt, was im Zentrum der Aufmerksamkeit des Kindes ist, was ihr Baby gerade interessiert, und macht es zum Thema des „Gesprächs“ und des gemeinsamen Spiels. Ab ungefähr dem 4. Monat kann das Kind seinen Blick dem des Erwachsenen folgen lassen. Mutter und Kind beginnen nun, ihre Blickausrichtung aufeinander einzustellen. Damit wird die gemeinsame Aufmerksamkeit in einer Interaktion sichergestellt.

5.1.2 Hören und gehört werden

Es ist mittlerweile weitreichend bekannt, dass ein Baby schon intrauterin, im Mutterleib also, in der Lage ist, bestimmte Geräusche zu hören (vgl. TOMATIS 1994). Kommt das Kind dann auf die Welt, „funktioniert“ sein Gehör in der Regel schon fast so gut wie das eines Erwachsenen. Aber auch hier zeigt das Baby, wie beim Sehen, besondere Vorlieben. Es reagiert zunächst vor allem auf menschliche Stimmen und auf Sprache. LARGO (2002, 325) berichtet:

> *„Bereits in den ersten Lebensstunden ist das Neugeborene an der menschlichen Stimme interessiert. Wenn es eine Stimme hört, bekommt es einen aufmerksamen Gesichtsausdruck, bewegt sich weniger oder auch mehr und versucht, vereinzelt eigene Töne zu bilden. Spricht die Mutter seitlich auf der Höhe der Ohren zu ihrem Kind, wendet das Kind seine Augen und gelegentlich auch seinen Kopf der Mutter zu.“*

Ein Baby kann die Menge seiner auditiven Reize regulieren

Wie die visuellen Reize kann das Kind auch akustische Reize in ihrer Menge schon sehr früh dosieren, indem es Augen und Kopf wieder abwendet.

Auch das Baby selbst sendet von Anfang an „akustische Signale“ aus – es schreit, wenn es Hunger hat oder sich in irgendeiner Form unwohl fühlt. Die Mutter misst diesem Schreien eine Signalwirkung zu, weiß, dass ihr Kind sie nun braucht. Sie nimmt es auf den Arm, wiegt es sanft hin und her um es zu beruhigen, stillt es, wenn sie der Meinung ist, ihr Baby könnte wieder Hunger haben. Das Kind wiederum lernt, das auf sein Schreien mit der Befriedigung seiner Bedürfnisse geantwortet wird (s.o.). So differenziert sich sein Schreien durch Lern- und auch Reifungsprozesse und das Baby setzt es immer gezielter ein, während die Mutter wiederum schon im ersten Lebensquartal ihres Babys lernt, dessen Bedürfnisse an seiner Art des Schreiens zu unterscheiden (vgl. Kap. 3). Etwas später beginnt das Kind, bei Ansprache eigene Laute zu bilden und verfügt damit über immer mehr Möglichkeiten, seinen inneren Zuständen wie Wohlbefinden, Unbehagen, Hunger, Schmerz, Verlangen nach etwas, Wut, Freude etc., Ausdruck zu verleihen.

Durch ein Ausdifferenzieren seiner Laute teilt ein Kind verschiedene Bedürfnisse mit

5.1.3 Mimik

Die oben genannten Lautäußerungen können gekoppelt sein mit verschiedenen Gesichtsausdrücken, die tendenziell angeboren zu sein scheinen.

> *„Das Vorhandensein dieser Ausdrucksformen bestätigt weitgehend die Vorstellung, dass das neuromuskuläre System des Gesichts beim Neugeborenen bereits einen erstaunlichen Reifegrad aufweist und dass die Bewegung von Gesichtsmuskeln bei der Geburt zum Teil integriert ist in erkennbare Konfigurationen, die später im Leben zu sinnstiftenden sozialen Hinweis-Reizen werden" (STERN 2000, 58)*

Schon das Neugeborene verfügt über eine recht ausgeprägte Mimik, über die es bestimmte Mitteilungen machen kann (vgl. Kap. 4.1), zunächst noch ohne sich darüber bewusst zu sein. Es zeigt sein Interesse am Gesicht der Mama mit wachen, offenen Augen, hebt die Augenbrauen zur „Begrüßung“, wenn der Papa mit ihm spricht, es zeigt ein „Ekelgesicht“, wenn ihm etwas nicht behagt. Hierbei handelt es sich zunächst noch um eine Art Reflexe, erst später setzt ein Kind seine Mimik als bewusste Reaktion auf sein Miss-fallen an etwas ein. Die Gesichtsausdrücke des Babys können in ganze Verhaltenssequenzen eingebettet sein. STERN (2000) nennt als Beispiel das „Heulgesicht“ als dramatischsten und eindeutigsten Ausdruck von Verdruss. Er legt dar, dass das Kind zunächst ernst wird, die Stirn runzelt, grimassiert und schließlich dieses sogenannte „Heulgesicht“ zeigt, wobei es natürlich inmitten dieser Abfolge jederzeit unterbrechen kann, sein Gesicht zu verziehen, wenn beispielsweise schon früher auf es eingegangen wird. Diese mimische Abfolge ist etwa ab dem 3. Monat verfügbar. Verschiedene Sequenzen dieser Art bieten dem Kind die Möglichkeit, die Interaktion mit der Mutter zu finden und zu regulieren (vgl. STERN 2000).

Schon das Neugeborene verfügt über eine ausgeprägte Mimik, die sich im Laufe der Entwicklung weiter ausbildet

5.1.4 Lächeln als kommunikatives Signal

Ein ganz besonderer und sehr wirkungsvoller mimischer Ausdruck ist das Lächeln. Viele Eltern warten sehnsüchtig auf das erste Lächeln ihres Babys. Zunächst sieht man beim Neugeborenen im Schlaf hin und wieder mimische Veränderungen, die wie ein Lächeln aussehen, man spricht hier von dem sogenannten „Engelslächeln". Dieses Engelslächeln steht nach heutigem Wissen noch in keinem Zusammenhang mit äußeren Bedingungen, weshalb man auch von dem „endogenen" oder „reflektorischen" Lächeln spricht.

Zwischen der 6. Lebenswoche und dem 3. Monat wird das Lächeln exogen- das Kind lächelt, weil es einen bestimmten Menschen oder einen Gegenstand wiedererkennt und damit sein Wohlbefinden ausdrückt. Man spricht auch von dem „sozialen Lächeln". In Begegnungen bekommt es auch instrumentellen Charakter: Das Kind lächelt, um eine Reaktion zu bewirken (vgl. STERN, 2000), beispielsweise, um Kommunikation andauern zu lassen.

Wer weiß nicht um die Wirkung eines lächelnden Babys? Die kommunikative und gefühlsmäßige Wirkung zeigt sich vor allem darin, dass wir in liebevoller Weise auf ein Kind reagieren. Das Lächeln führt außerdem meist zur Verlängerung der Kommunikation (vgl. SZAGUN 1996).

5.1.5 Körperspannung

Auch am Muskeltonus kann man das Befinden eines Babys erkennen

Ein weiteres Element im Repertoire von Verhaltensweisen, denen kommunikative Bedeutung zugemessen werden muss, ist die Körperspannung, der sogenannte Muskeltonus. Fühlt das Baby sich unwohl, so spannt es seinen kleinen Körper an, ballt die Fäustchen, meist ist dies verbunden mit einer entsprechenden Mimik und Schreien. Geht es dem Kind gut, sind all seine Bedürfnisse befriedigt, ist es satt, sauber und erhält eine seinem momentanen Zustand entsprechende Anregung – kurzum: fühlt es sich rundum wohl, so wird es ganz entspannt und weich, die Händchen öffnen sich. An der Höhe des Muskeltonus, evtl. noch gekoppelt mit spezifischen Gesichtsausdrücken und/oder Lautäußerungen kann man im allgemeinen oft den emotionalen Zustand eines Menschen erkennen (vgl. MOLCHO 1996).

Auch in unserem Sprachgebrauch hat sich dies niedergeschlagen: „Lass Dich nicht so hängen"- man kann sich den gut vorstellen, der die Schultern und den Kopf mutlos nach vorn sinken lässt. Ein wichtiger Termin steht bevor: „Ich bin so angespannt". Da begegnete mir jemand, zu dem ich keinen Zugang fand: „Der ist so steif wie ein Brett!"

Ein Anspannen und Entspannen des Körpers, Kontraktion und Regeneration der Muskeln oder auch einzelner Muskelpartien und die dadurch entstehende Körperhaltung stellen wichtige Elemente der Körpersprache dar, die auch beim Neugeborenen schon in deutlichen Ansätzen zu beobachten sind.

Es sei darauf hingewiesen, dass die hier dargestellten Fähigkeiten des Säuglings keinen Anspruch auf Vollständigkeit erheben und, obgleich sie im einzelnen aufgeführt sind, in der Regel nie isoliert auftreten. Stellen wir uns vor, eine Mutter beschäftige sich mit ihrem Baby. Sie spricht es an, spielt vielleicht mit einer bunten Rassel vor dessen Gesicht. Das Kind wendet sich seiner Mutter zu, bekommt große und staunende Augen, lächelt und gluckst vor Freude, strampelt heftig mit Armen und Beinen. Seine Freude ist nicht nur an seiner Mimik, nicht nur an seinen Lauten und auch nicht nur an seiner Körperspannung erkennbar. Mit seinem ganzen Körper drückt das Baby sein Wohlbefinden aus.

Zusammenfassend kann also gesagt werden, dass ein Kind bereits mit einem Verhaltensrepertoire zur Welt kommt, das starke kommunikative Elemente aufweist. Mit diesem Repertoire kann es seine Mutter und seinen Vater fesseln und sich von ihnen distanzieren, es kann ihnen Mitteilungen über sein Befinden und seine Bedürfnisse machen. Durch Lern- und Reifungsvorgänge wird das Repertoire im ständigen Austausch, in immer wiederkehrenden Begegnungen mit den Menschen in seiner Umgebung, erweitert und verfeinert.

Aber auch die Bezugsperson verfügt über ein Repertoire an Verhaltensweisen, das ihr erlaubt, intuitiv auf adäquate Weise mit ihrem Kind umzugehen, zu erkennen, was es benötigt und entsprechend darauf zu antworten.

5.2. Das Repertoire der Bezugsperson

Erwachsene zeigen im Umgang mit Babys ein besonderes, den Fähigkeiten des Kindes angepasstes, Verhalten

Im Umgang mit kleinen Kindern verändern die meisten Erwachsenen ihr Verhalten und ihre Sprache. Sie tun das allerdings meist intuitiv, also ohne sich dessen bewusst zu sein, das Baby scheint diese Verhaltensweisen beim Erwachsenen auszulösen. Mit diesem speziellen Verhalten und der besonderen Sprache unterstützen Eltern die Entwicklung der kommunikativen Fähigkeiten ihrer Kinder sehr wirksam. Hierzu verfügen sie über viele, vermutlich schon genetisch angelegte Verhaltenstendenzen zu solch einer intuitiven Didaktik[3] (s.o., vgl. PAPOUSEK und PAPOUSEK, 1989, PAPOUSEK, 2001)

5.2.1 Ins Blickfeld rücken

PAPOUSEK und PAPOUSEK beobachteten, dass schon in einem Stadium, in dem die Mutter nicht einmal erwartet, dass das Neugeborene sie sehen kann, sie unzählige Versuche unternimmt, einen Blickkontakt zu erreichen. Hierzu bewegt sie sich im visuellen Feld des Babys, in der optimalen Distanz von 20 - 25 cm (vgl. ZOLLINGER 1997). Ob bei Krabbelspielen, beim Windeln wechseln, beim Baden, beim Ansprechen des Kindes, nach-

Die Mutter nimmt die optimale Nähe zu ihrem Kind ein, um Blickkontakt herstellen zu können

dem es wach geworden ist – immer befindet sich das Gesicht des Babys in optimaler Nähe zu dem der Mutter. Beim Stillen ist die adäquate Entfernung schon durch die natürliche Haltung – quasi automatisch – gegeben (s.o.).

In der Kommunikation mit ihrem Kind kann eine Mutter den Blickkontakt besonders lange aufrecht erhalten

Beim gegenseitigen Anblicken von Mutter und Kind sind die „kulturellen Regeln" der Erwachsenen für das „einander Anblicken" in einer sozialen Interaktion außer Kraft gesetzt (vgl. STERN 2000; MOLCHO, 1996). Mutter und Kleinkind können sich bis zu 30 Sekunden in die Augen schauen, was normalerweise nur Liebende oder Kämpfende tun. In einer Unterhaltung zwischen zwei erwachsenen Menschen blickt der Zuhörer meist den Sprechenden an. In Mutter-Kind-Interaktionen blicken und sprechen die Mütter ihr Baby gleichzeitig an – in anderen Situationen würden wir einen solchen Augenkontakt unangenehm als „Anstarren" empfinden. Da das Gesicht und hier besonders die Augen ein bevorzugter Reiz für das Kleinkind sind, dient das frontale Anschauen der Gesichter und das „in-die-Augen-Blicken" der Aufrechterhaltung der Interaktion.

5.2.2 Mimik

Neben diesem speziellen Blickkontakt zeigt die Mutter ihrem Baby gegenüber auch eine besondere und überdeutliche Mimik. Daniel STERN (2000) beschreibt fünf Ausdrucksformen des mütterlichen Gesichts, die sehr häufig zu beobachten sind und für die Kommunikation zwischen Mutter und Kind besonderen Signalwert besitzen. Er nennt:

- den Ausdruck gespielter Überraschung,
- das Stirnrunzeln,
- das Lächeln,
- den „Ach du mein armer Liebling"- Ausdruck und
- ein neutrales oder ausdrucksloses Gesicht.

In der Interaktion mit Säuglingen und Kleinkindern zeigen Erwachsene eine besonders ausgeprägte Mimik

Der *Ausdruck gespielter Überraschung* signalisiert die Bereitschaft oder die Aufforderung zur Kommunikation. Er kann sehr häufig auftreten, fast jedes Mal, wenn das Kind sich, wie oben beschrieben, wieder der Mutter zuwendet.

Das *Lächeln* ist ein starkes, bestätigendes Signal und zeigt an, dass die Begegnung gut verläuft. Es hält die bereits vor sich gehende Interaktion aufrecht und moduliert sie möglicherweise auch.

Der Beendigung einer kommunikativen Interaktion dient das *Stirnrunzeln* mit Kopfwenden und Abbrechen des Blickkontaktes.

Soll eine kommunikative Situation vermieden werden, wird ein *neutrales oder ausdrucksloses Gesicht* gezeigt. Gemeinsam mit Blickabwenden ist es ein klares Signal mangelnder Bereitschaft.

Diese vom Kleinkind ausgelösten Verhaltensweisen scheinen sich alle in drei Merkmalen zu gleichen:

- ❑ Sie werden in räumlicher Hinsicht übertrieben, d.h. das Mienenspiel ist deutlich übertrieben, bis hin zur Verzerrung des Gesichts.
- ❑ Sie werden in zeitlicher Hinsicht übertrieben, d.h. die Gesichtsausdrücke entstehen langsamer und werden länger beibehalten.
- ❑ Des weiteren ist das Repertoire gewöhnlich auf mehrere, ausgewählte Ausdrucksformen beschränkt, die sehr häufig und recht stereotyp angewendet werden (s.o., vgl. STERN 2000).

5.2.3 Baby-Talk

Ein weiteres auffallendes Verhaltensmerkmal im Umgang mit dem Kleinkind ist der so genannte „Baby-Talk" des Erwachsenen, auch bezeichnet als „Motherese". Im „Gespräch" mit dem Kleinkind spielt der Inhalt kaum eine Rolle. Entscheidender ist die Art, wie etwas gesagt wird.

Der „Baby-Talk" zeichnet sich durch folgende Merkmale aus:

- *„Sprechen in höherer Tonlage*
- *insgesamt größerer Frequenzbereich der Töne, größere Maxima und Minima*
- *stärkere Variabilität in der Tonlage*
- *ansteigende Intonation ist häufiger*
- *stereotype melodische Konturen*
- *längere Pausen*
- *klare Segmentation*
- *langsamere Sprechgeschwindigkeit" (SZAGUN, 1996).*

Mit dem „Baby-Talk" passen sich Erwachsene in Wortwahl, Satzbau, Sprechgeschwindigkeit und Tonlagen beim Sprechen den besonderen Wahrnehmungsfähigkeiten des Kindes an

Diese Merkmale sollen im Folgenden noch genauer erläutert werden: Ein Neugeborenes kann zunächst höhere Töne besser hören. Es ist außerdem in der Lage, Höhe, Dauer und Intensität von Tönen zu unterscheiden. Die Sprache, die die Mutter oder der Vater an ihr Kind richten, zeichnet sich zunächst dadurch aus, dass unweigerlich die Stimme angehoben wird, sie sprechen nun höher. Die gesamte Frequenzbreite der Stimme ist größer und umfasst bis zu zwei Oktaven. Auch Lautstärke und Intensität des Vokalisierens werden übertrieben und erlangen eine Bandbreite, die von vielfältigen Flüsterlauten bis zu lauten „pseudo-ängstlichen" oder überschwänglich- jubelnden Ausrufen reicht. Die Intensität der Lautäußerung wird reicher und dramatischer abgewandelt als in der Erwachsenensprache. SZAGUN (1996) geht davon aus, dass durch diese Ausrichtung der Erwachsenen-Sprache auf die Wahrnehmungsfähigkeiten des Kindes dessen Aufmerksamkeit hervorgerufen wird. Des weiteren kann die Mutter Erregung und Emotionen ihres Babys regulieren, sie kann ihr Kind beispielsweise zu einem Spiel stimulieren oder es durch ihre sehr spezielle Ansprache auch beruhigen.

Weiterhin ist das, was gesagt wird, charakterisiert durch einen sehr vereinfachten Satzbau. Die Äußerungen sind sehr kurz und einfach und werden häufig wiederholt. Zwischen den Äußerungen werden viele „Unsinnslaute" geboten. Das Tempo der Darbietung ist verändert. Manchmal wird die Äußerung übertrieben beschleunigt, im allgemeinen aber deutlich verlangsamt. Oft ist die Vokaldauer verlängert, wodurch bestimmten Wörtern oder Sätzen verstärkt Nachdruck verliehen und das kommunikative Erleben gegenüber dem sprachlichen Ereignis hervorgehoben wird (vgl. PAPOUSEK & PAPOUSEK 1989, FRÖHLICH 1979, SARIMSKI 2001, ZOLLINGER 1997).

Dieses Vereinfachen und Hervorheben hat eine stark verständniserleichternde Funktion und hilft dem Kind zunächst, allmählich ein Verständnis der Kommunikationssituation zu entwickeln, bevor sich das Sprachverständnis entwickeln kann.

Der Dialog zwischen Mutter und Kind scheint zunächst mehr ein Monolog der Mutter in Form eines imaginären Zwiegesprächs zu sein[4]. Das Kleinkind steuert selten Lautäußerungen bei, aber die Mutter verhält sich generell so, als ob es ihr antworte. Hierzu macht sie längere Pausen zwischen den Äußerungen, als in einem normalen Gespräch. Dadurch gibt sie dem Kind zum einen mehr Zeit zur Verarbeitung des Gesagten, zum anderen wartet sie, nachdem sie gesprochen hat, so lange, wie die durchschnittliche Pause im Erwachsenendialog dauert und schweigt dann für die Dauer einer imaginären Lautäußerung des Kindes. Man spricht hier auch vom sog. „Turn-taking" (vgl. Kap. 5.3.3). Auf diese Weise wird dem Kleinkind das „Einsetzen" bei der Wechselrede, dem Dialog zweier Gesprächspartner, beigebracht, wie es der normale Austausch im Gespräch erfordert (vgl. STERN 2000).

Allgemein lässt sich sagen, dass der „Baby-Talk" oder „Motherese" eine sprachliche Strategie darstellt, sich an das Sprachverständnis des Kindes anzupassen. Als relativ stabiles Muster ist er nicht nur bei Müttern, sondern bei den meisten Erwachsenen und auch schon bei älteren Kindern im Umgang mit Babys zu beobachten. Die in dieser Art modulierten Äußerungen werden von den Bezugspersonen so oft dargeboten, bis das Baby durch seine Reaktion zu erkennen gibt, dass die „Botschaft angekommen" ist.

„Baby-Talk" oder „Motherese" hat also vor allem zwei Komponenten: eine kommunikative – man will verstanden werden und eine affektive – Gefühle werden vermittelt.

Diese Verhaltensweisen und besonderen sprachlichen Formen der Bezugsperson werden im allgemeinen zusammen und koordiniert ausgelöst. Die Mutter verleiht ihrem Gesicht einen bestimmten Ausdruck, während sie zugleich spricht, das Kleinkind anblickt und ihr Gesicht mittels einer deutlichen Kopfbewegung darbietet. Das Kind lernt dadurch das „Lesen" der Signale und Ausdrucksformen des Verhaltens anderer Menschen in seinem Umfeld.

5.2.4 Nachahmung sprachlicher Laute

Eltern ahmen die sprachlichen Laute ihres Babys nach und verleihen ihnen somit besondere Bedeutung

Ein weiteres wichtiges Verhaltenselement der intuitiven elterlichen Didaktik stellt das Nachahmen des Kindes dar. Lautiert das Baby, so ahmen seine Eltern dies teilweise nach, jedoch nur bestimmte Äußerungen ihres Kindes, v.a. „sprachliche" Laute, mittlere und ruhige Vokalisationen. Andere Laute, z.B. sein Schreien, werden nicht wieder produziert. Das Kind macht so die Erfahrungen der Vergleichbarkeit der akustisch wahrnehmbaren Produktion. Doch auch mimische und gestische Bewegungsformen werden vom Erwachsenen oft willkürlich nachgeahmt. Die Imitationen haben für das Baby die Bedeutung eines „biologischen Spiegels" (vgl. FRÖHLICH 1979, ZOLLINGER 1997).

PAPOUSEK/PAPOUSEK sehen darin eine Form des „operanten Lernens", indem das Kind die elterliche Nachahmungsreaktion als Reaktion auf von ihm initiiertes Verhalten erlebt und so die Erfahrung der Manipulierbarkeit des Erwachsenen macht (vgl. FRÖHLICH 1979).

5.2.5 Ursachen – wie ist intuitives elterliches Verhalten zu erklären?

Was aber löst dieses besondere Verhalten gegenüber unseren kleinen Menschen aus? Forschungen, vor allem von LORENZ und EIBL-EIBESFELDT, begründen dies mit der besonderen Anatomie eines Kindes, dem so genannten „Kindchenschema". Die äußerlichen Merkmale des Kindchenschemas bestehen in einem großen Kopf im Verhältnis zum Rumpf, einem stark überwiegenden Hirnschädel mit vorgewölbter Stirn, tief bis unter die

Mitte des Gesamtschädels liegende, große Augen und runde, vorspringende Pausbacken (vgl. PAPOUSEK/PAPOUSEK 1989, STERN 2000; bildlich dargestellt u.a. bei LARGO, 2002).

STERN (2000) erklärt, dass nicht nur der Körperbau, sondern auch die Bewegungen eines Säuglings bestimmte Merkmale im Verhalten des Erwachsenen auslösen, die unterschiedlich ausgeprägt sein können.

Noch nicht erforscht ist, wie groß die Auslösekraft von Kleinkindern biologisch determiniert, also vorherbestimmt oder angelegt, ist und wie groß daran der Anteil ihres Aussehens im Vergleich zum Anteil ihres Verhaltens ist. In gewissen Abstufungen scheint dieses intuitive Verhalten allgemein auch durch Hilflosigkeit bzw. durch Hilfsbedürftigkeit hervorgerufen werden zu können, was Beobachtungen aus Alten- und Krankenpflege nahe legen.

Zusammenfassend kann man feststellen, dass die Mutter intuitiv ihre Angebote dem Verhaltenszustand des Kindes anpasst. Sie reagiert auf seine Signale und wirkt durch ihr Verhalten ebenfalls als Signal. Sie imitiert sein Verhalten, vereinfacht, übertreibt, wiederholt und variiert ihr Angebot um immer wieder die Aufmerksamkeit des Kindes zu erzielen. Durch die Gestaltung eines für das Kind überschaubaren Rahmens der Interaktion und durch ihr promptes und regelmäßiges Reagieren auf seine Aktivitäten bietet sie ihm optimale Lernbedingungen für die Entwicklung kognitiver und kommunikativer Kompetenzen.

5.3 Elemente früher Kommunikationsprozesse

Nachdem die Fähigkeiten der beiden Kommunikationspartner einzeln dargestellt worden sind, soll nun auf Bedingungen, Elemente und Verlauf der ersten Kommunikationsformen innerhalb der Begegnung zwischen Mutter und Kind eingegangen werden.

Der Erwachsene schätzt das Aktivitätsniveau des Kindes ein: Ist mein Kind bereit, mit mir zu kommunizieren und zu interagieren oder benötigt es eine Pause?

5.3.1 Aktivitätssituation des Kindes

Dass das Baby vom ersten Tag an mehr tut als essen und schlafen, dass seine Sinne von Anfang an imstande sind, Informationen aufzunehmen und zu bearbeiten, ist bereits hinreichend erläutert worden.

Vor allem in den ersten Lebensmonaten, aber sicher auch noch im späteren Leben, bestimmen Art und Weise, Geschwindigkeit und Intensität eines gegebenen Reizes auch seine Reaktion. Diese Reaktion des Kindes auf ein Angebot seiner Bezugsperson hängt zudem sehr vom Zustand des Babys zum Zeitpunkt dieser Begegnung ab. Die richtige Beurteilung des Zustandes, in dem es sich befindet, bestimmt im wesentlichen den „Erfolg“

der mütterlichen Betreuung (vgl. SCHAFFER 1982), der Mutter-Kind Kommunikation, sowie den Aufbau von Kommunikationsstrukturen beim Kind im allgemeinen mit.

Die Rolle des Erwachsenen besteht nun also darin, dem Kind bei der Regulation seines Aufmerksamkeitszustandes zu helfen und sein Verhalten dem des Kindes anzupassen.

Ein Beispiel, um diese Aussagen etwas anschaulicher werden zu lassen:

Jonas ist sechs Monate alt und weint, weil er Hunger hat. Seine Mutter holt ihn aus seinem Bettchen und gibt ihm die Flasche. Nun hat sie Zeit für ihren Sohn. Diese Zeit möchte sie nutzen. Jonas kann schon so schön lachen, wenn sie mit ihm spielt. Sie hält ihm den rasselnden Kuschelbär vor sein Gesicht, wackelt damit, so dass der Bär lustige Geräusche von sich gibt. Jonas freut sich. Er lacht und strampelt aufgeregt mit seinem ganzen Körper. Dann schaut er weg, hin zu seinen Füßchen. Mama raschelt erneut mit dem Bär und Jonas schaut wieder aufmerksam hin, lacht und strampelt. Einige Male wiederholen sie dieses Spiel. Irgendwann ist Jonas müde. Er beachtet den Bär nicht mehr. Er benötigt eine Pause, muss sich von diesen vielen Reizen etwas ausruhen. Doch Mama hat jetzt Zeit und möchte mit ihm spielen, sie erkennt seine Müdigkeit nicht. Die Mutter nimmt ihren Sohn auf den Arm, ruft wieder und wieder seinen Namen, raschelt mit dem Bär, hoppelt Jonas auf ihrem Arm auf und ab. Immer weiter versucht sie, seine Aufmerksamkeit zu erlangen. Jonas weint ein wenig. Die Mutter holt eine Rassel und wackelt wild vor seinem Gesicht hin und her. Ihr Sohn schaut kurz hin, wendet sich dann wieder ab und beginnt, heftig zu schreien. Die Mutter wirft Jonas in die Luft und fängt ihn wieder auf, versucht, ihn wieder „munter" zu machen, hoppelt ihn erneut auf und ab. Jonas quengelt und weint, lässt sich nur sehr schwer beruhigen und findet später auch schlecht in den Schlaf.

Der Erwachsene hilft dem Kind, seine Aufmerksamkeit zu regulieren und somit zu einem adäquaten Wechsel zwischen Erregung und Ruhe zu gelangen. Diese Regulierungen benötigt das Kind als Basis für sein Lernen

Nach dem Trinken der Flasche hatte Jonas eine wache, aktive Phase, SCHAFFER (1982) nennt dies den Zustand wacher Aktivität. Er war bereit, mit seiner Mutter zu spielen und zu kommunizieren, dosierte die Reize durch sein Hin- und Wegschauen in schon dargestellter Weise. Irgendwann wurde er jedoch müde, es wäre nun Zeit gewesen, ihn wieder hinzulegen, ihn ruhig mit sich selbst beschäftigen zu lassen oder ihm die Möglichkeit zum Schlafen zu geben. Jonas kann sich noch nicht selbst zurückziehen, wenn er müde ist, wenn ihm etwas zuviel wird. Er braucht eine Person, die seine Signale versteht und ihm hilft, seine Aktivität, seine Aufmerksamkeit zu regulieren. Nur so kann er seinen Schlaf-Wach-Rhythmus finden und zu einem guten Abwechseln zwischen Aktivität und Ruhe gelangen, da er für seine Zufriedenheit und auch für sein Lernen und Verarbeiten von Reizen benötigt. Des weiteren erfährt er durch ein Eingehen auf seine Signale die Wirkung derselben und gelangt über viele Erfahrungen dieser Art zu einem grundlegenden Verständnis von seinen Mitteilungsmöglichkeiten und Kommunikation.

SCHAFFER klassifiziert fünf Konstellationen von Aufmerksamkeit:

- tiefer oder regelmäßiger Schlaf
- aktiver oder „unregelmäßiger" Schlaf
- wache Inaktivität
- wache Aktivität
- Schreien

Regelmechanismen im Gehirn scheinen einen zyklischen Zustandswechsel zu steuern, ein Kind wird dadurch in gewisser Weise einschätzbar

Die Zustandswechsel weisen einen zyklischen Charakter auf, wechseln sich also immer wieder ab. Wichtig ist jedoch, dass die Mutter und der Vater ihr Verhalten auf den jeweiligen Zustand des Kindes abstimmen, damit es beispielsweise die Möglichkeit hat, von wacher Aktivität auch wieder zu wacher Inaktivität und schließlich zum Schlafen zu gelangen. Nach SCHAFFER gibt es Anzeichen dafür, dass das Baby über innere Regelmechanismen im Gehirn verfügt, die für Zustandswechsel sorgen. Diese Wechsel sind nicht zufälliger Natur, was dazu beiträgt, dass das Kleinkind für seine Bezugspersonen in gewisser Weise einschätzbar werden kann. Eine Hirnschädigung kann diese Zustandswechsel und damit auch die Einschätzung des Aktivitätsniveaus jedoch erschweren (vgl. Kap.6, vgl. SCHAFFER 1982).

Auch die Regulation des Aktivitätsniveaus erfolgt meist intuitiv durch die Bezugspersonen

Mütter initiieren soziale Interaktion meist intuitiv, wenn sie das Kind interaktionsbereit erleben (wache Aktivität). Das Feingefühl der Bezugsperson für den Zustand des Kindes wird bestimmen, welche Art von Stimulation sie ihm bietet. Hierbei kann sie den Zustand des Kindes auch verändern. Ihre Handlungen können aufregend oder beruhigend wirken. Eine Bezugsperson kann beispielsweise auch für Stimulation sorgen, indem sie das Kind besänftigt: Durch eine Reduzierung des Erregungsniveaus gerät das Kind nicht unter ein Bombardement innerer Reize und kann sich ungestört seiner Umgebung widmen (vgl. SCHAFFER 1982).

Während dem Zustand der wachen Aktivität zeigen verschiedene Kinder verschiedene Aktivitätsniveaus. Das Aktivitätsniveau kann das Einwirken von Stimulation auf das Kind tiefgreifend verändern. So zeigen Beobachtungen von Sibylle ESCALOAS, dass minimale soziale Stimulation auf aktive Kinder einen markanten Effekt hat, während die inaktiven erst auf sehr viel intensivere Reize ebenso reagieren wie die aktiven (vgl. SCHAFFER 1982).

Dieselbe Erfahrung ruft bei aktiven und inaktiven Babys unterschiedliche Effekte hervor. Die Bezugsperson muss neben dem Zustand auch das Aktivitätsniveau des Kindes abschätzen, um ihm optimale Stimulation zukommen zu lassen – muss das Angebot leicht oder sehr intensiv dargeboten werden? Die Einschätzung des Zustandes und des Aktivitätsniveaus geschieht in der Regel während der ganzen Interaktionszeit intuitiv durch die Betreuungsperson, welche Ihre Verhaltensweisen auf diese Komponenten unbewusst abstimmt (vgl. SCHAFFER 1982).

5.3.2 Ablauf der Interaktion

Nach STERN gliedert sich eine Begegnung zwischen Mutter und Kind, eine Interaktion dieser beiden, in Beginn, Engagementsepisoden und Pausenepisoden (STERN 2000).

Zu *Beginn* einer solchen Begegnung schauen sich Mutter und Kind in die Augen und blicken sich dann einen Moment lang an. Sie signalisieren, dass sie zur Interaktion bereit sind. Die Bezugsperson zeigt eine Art Grußverhalten, sie neigt den Kopf etwas, hebt die Augenbrauen, ruft das Kind eventuell beim Namen und lächelt daraufhin meist. Das Kind „antwortet" in einem ähnlichen Muster.

Eltern-Kind-Interaktionen gliedern sich in Engagements- und Pausenepisoden und laufen meist nach einem bestimmten, für die Reizverarbeitung des Kindes bedeutenden, Muster ab

Die *Engagmentsepisode* besteht aus einer Sequenz sozialer Verhaltensweisen wechselnder Länge, die an beiden Endpunkten von klaren Pausenzeiten begrenzt ist. In einer Engagementsepisode „produziert" die Bezugsperson diskrete Verhaltensweisen, Vokalisationen, nicht-verbale Verhaltensweisen oder beides in einer relativ regelmäßigen Rate, so dass jede Episode ihr eigenes Tempo hat (vgl. STERN 2000). Typisch und wichtig in diesen Engagementsepisoden sind auch zahlreiche Wiederholungen des gleichen Angebotes, zum Teil in leicht abgewandelter Form bezüglich Intonation oder Wortwahl. Wiederholungen bieten dem Kind die Möglichkeit, die Interaktion besser zu verstehen und zu verarbeiten.

Von großer Bedeutung ist die *Pausenepisode*, ein Zustand relativer Verhaltensruhe, die sich der Engagementsepisode anschließt. Es erfolgen keine Lautäußerungen und Bewegungen kommen zu einem relativen Stillstand. Diese Pausen sind länger als die innerhalb einer Engagementsepisode. Sie dauern fast immer länger als drei Sekunden.

Die Pausen erfolgen durch eine generelle Unterbrechung der visuellen Aufmerksamkeit durch das Kind oder die Bezugsperson. Der Blick wird vom Kind abgewendet oder es erfolgt eine Verschiebung der visuellen Aufmerksamkeit vom Gesicht des Kindes weg hin zu anderen Körperpartien. Die Pausen haben die Funktion einer Nachregulierungseinheit in der Steuerung der Interaktion. Das bedeutet, eine Engagementsepisode endet, wenn eine obere oder untere Grenze der optimalen Erregungs- und Affektbereiche überschritten ist (vgl. STERN 2000).

In der Pausenepisode kann die Mutter den momentanen Aufmerksamkeits- und Erregungszustand ihres Kindes wieder neu abschätzen, kann die Angebote, die sie ihrem Baby macht, reduzieren oder verstärken, möglicherweise auch etwas Neues anbieten, wenn sie merkt, das ihr Kind ein anderes Interesse zeigt. In diesen Pausenintervallen kann sie auch abschätzen, wann die Interaktion zu beenden ist, um dem Baby Verarbeitungs- und Ruhemöglichkeiten zum richtigen Zeitpunkt zu verschaffen. Das Pausenintervall ist also ein bedeutendes Nachregulierungs- oder Umstellungsmoment in der Interaktion (STERN 2000, 102 ff.).

Auch diese vorangegangenen Erläuterungen sollen durch ein Beispiel anschaulicher gemacht werden:

Vor ein paar Minuten ist Julian wach geworden, doch er macht sich noch nicht bemerkbar. Er schaut das Mobile an, das über seinem Bettchen hängt, er schaut etwas hin- und her, als würde er seine Wiege noch ein bisschen inspizieren. Dann fängt Julian an zu schreien. Papa kommt und hebt in aus seiner Wiege. Papa beginnt, Julians Windel frisch zu machen. Dabei fallen ihm tolle Spiele ein! „Hallo Julian!", sagt Papa und dabei kommt er mit seinem Kopf von weiter weg ganz dicht an Julians Nasenspitze heran. Und dann das gleiche wieder, ein paar Mal hintereinander. Das macht Spaß! Julian schaut seinen Papa genau an, und jedes Mal, wenn er näher kommt, dann gluckst und strampelt Julian fröhlich vor sich hin. Wenn Papa wieder ein Stück weg ist, wird Julian wieder ein bisschen ruhiger, aber er bleibt ganz gespannt und wartet, dass Papa weiter macht. Irgendwann schaut Julian weg, scheint seine Füße zu betrachten. Papa beginnt, Julian sauber zu machen. Nach kurzer Zeit schaut Julian seinen Papa wieder an. Und da hat Papa auch schon wieder ein neues Spiel: Wenn er jetzt sagt „Hallo Julian", dann kommt er von weiter weg zu seinem Bauch und pustet darauf, dass es ganz doll kitzelt. Das ist toll und Papa macht das wieder ein paar Mal, bis Julian seinen Kopf in Richtung Wickeltischbegrenzung wegdreht und versucht, die bunten Elefanten darauf zu berühren. Papa zieht ihn an und das gemeinsame Spiel ist nun erst einmal beendet.

Als Julian wach wird, zeigt er zunächst eine Phase wacher Inaktivität – wenn auch bei dem Betrachten seines Mobiles und seines Bettchens nicht wirklich von Inaktivität gesprochen werden kann, jedoch vielleicht von einer Form ruhiger Beschäftigung ohne Interaktion. Dann wird er aktiv, macht sich bemerkbar. Der Vater reagiert und lässt damit dem Schreien seines Sohnes kommunikative Bedeutung zukommen. Julian spürt die Reaktion auf sein Verhalten – er kann etwas bewirken. Auf dem Wickeltisch findet der *Beginn* dieser dargestellten Spielsituation statt. Die beiden begrüßen sich, indem sie sich anschauen und der Vater initiiert ein Spiel, das er mehrmals wiederholt – er beginnt eine *Engagementsepisode*. Julian zeigt durch sein Strampeln, Glucksen und Lachen, dass ihm dieses Spiel gefällt, in den kurzen Pausen zwischen den Wiederholungen kann er sein Erregungsniveau etwas zurücknehmen, bleibt aber angespannt und signalisiert seinem Vater durch seine Haltung: Mach weiter! Als er sich abwendet, gibt es eine kurze Unterbrechung, eine *Pausenepisode*. Der Vater wendet daraufhin seinen Blick vom Gesicht seines Kindes ab und wendet sich – hier in Form des Windeln Wechselns – einer anderen Körperpartie zu. Als Julian ihn wieder anschaut und zeigt, dass er wieder bereit ist, lässt der Vater eine erneute Engagementsepisode folgen, die ebenso wie die vorangegangene von Wiederholungen und sehr kurzen Pausen ohne Abbruch der Kommunikation geprägt ist. Als Julian seinem Papa durch Abwenden wieder signalisiert, dass es nun genug ist, folgt erneut eine Pausensequenz. Julians Befindlichkeiten wurden optimal berücksichtigt, Vater und Kind konnten in dieser Situation zu einer gelungenen kommunikativen Situation gelangen.

5.3.3 Früher Dialog

Die Interaktionsepisoden nehmen schon früh Dialogform, also ein Abwechseln der Kommunikationspartner in „Rede" und „Antwort", in „Reiz" und „Reizbeantwortung", an. Der Zusammenhang zwischen Reiz und Reizbeantwortung hat schon in den ersten Lebenswochen Bedeutung. Das Kind lernt, dass bestimmte Aktivitäten „Signalwert" besitzen und kann eine generelle Erwartung entwickeln, dass es ihm gelingt, seine Umwelt zu beeinflussen. Somit erkennt es den Kommunikationswert seines Verhaltens (s.o.).

Von Bedeutung ist hierbei die Schnelligkeit, mit der eine Reaktion auf – beispielsweise sein Lautieren – erfolgt. Verzögert sich diese um drei Sekunden oder mehr, wird das Lernen verhindert oder unterbrochen. Verzögerte Reizbeantwortung erscheint dem Kind zufällig und ohne Zusammenhang mit seiner eigenen Aktivität[5].

Turn-taking als besonderes Merkmal der Kommunikation zwischen Mutter und Kind: Schon früh nimmt der Ablauf Dialogform an

Als Haupt-Verbindungsglied zwischen der frühen Mutter-Kind-Interaktion und den späteren Dialogen nennt ZOLLINGER das so genannte „turn-taking", das den Sprecherwechsel in einem Gespräch bezeichnet (vgl. ZOLLINGER 1997). Turn-taking bedeutet demnach, dass die beiden Kommunikationspartner sich mit Sprechen und Zuhören abwechseln. Der kommunikative Austausch allgemein und auch der stimmliche Austausch von Mutter und Kind im besonderen hat immer den Anschein eines Gesprächs, weil die beiden sich dabei abwechseln. SCHAFFER konnte bei einem Vergleich Einjähriger mit zweijährigen Kindern beobachten, dass das Alternieren als Muster bei Kindern auf einem vorsprachlichen Entwicklungsstand ebenso gut ausgebildet ist, wie bei Kindern, die schon „richtige" Gespräche führen können. Die Teilnehmer beider Gruppen äußern sich nur selten gleichzeitig. Das Hin- und Her von Sprecher und Zuhörer ist sehr präzise, wobei die Pause zwischen zwei Äußerungen oft nur den Bruchteil einer Sekunde währte.

In der frühen Mutter-Kind-Interaktion scheint in erster Linie die Mutter für ein solches Wechselspiel verantwortlich zu sein: Sie spricht, macht eine Pause, wartet so lange, wie das Kind agiert oder so lange, wie ein Beitrag in einem Gespräch in etwa dauern könnte und „antwortet“ danach wieder.

Dieses turn-taking, dieses Muster gegenseitigen Abwechselns, spielt sich aber erst im Laufe der ersten Monate ein. Es ist einerseits abhängig von der Lesbarkeit und Vorhersagbarkeit der Signale und der Reaktionsbereitschaft des Kindes, andererseits hängt es ab von der Sensibilität, den rechten Moment für die Pausen abzupassen und von der Konsistenz und Kontinuität, mit der von der Mutter auf die kindlichen Signale eingegangen wird. Das turn-taking drückt sich in verschiedenen Formen der Kommunikation aus, in Blickkontakt und Gestik, in typischen, vorsprachlichen Spielformen (Gib-Nimm-Spiel) und auch im Austausch von Vokalisationen. Innerhalb allen Formen gilt, dass der Beginn und die ersten Inhalte der Kommunikation anfangs vor allem von der Mutter ausgehen und das Kind mit zunehmenden Erfahrungen und zunehmender Reife verstärkt Einfluss darauf nehmen kann, Beginn und Inhalte schließlich auch selbst bestimmen kann.

Durch das Erleben von Reziprozität und Intentionalität in der Begegnung mit dem Erwachsenen erwirbt das Kind zwei grundlegende Voraussetzungen für Kommunikation

Dadurch, dass das Kind das Abwechseln im Dialog (Reziprozität) und den Kommunikationswert seines Verhaltens (Intentionalität) allmählich in der Interaktion mit seiner Bezugsperson lernt, erwirbt es zwei grundlegende und überaus wichtige Voraussetzungen für das Gelingen von Kommunikation.

Die Fähigkeit zur Interaktion mit Anderen beruht auch auf der Entwicklung kognitiver Kompetenzen. Zunächst gewinnt das Kind die Fähigkeit, das Selbst von Anderen zu unterscheiden. Allmählich entwickelt sich das Wissen, dass Dinge weiter existieren, auch wenn sie nicht mehr zu sehen sind (Objektpermanenz). Schließlich, durch Differenzierung der Wahrnehmung, größere Mobilität, integrierte Erfahrungen u.ä. vergrößert sich die Spannweite der Aufmerksamkeit. Hieraus ergibt sich wiederum die Notwendigkeit und die Möglichkeit weiterer Mitteilungskanäle, wie Bedeutung sozialer Gesten, die Aussagekraft der Blickrichtung und schließlich das Sprachvermögen zu entwickeln.

Der direkte Blickkontakt mit der Bezugsperson sinkt mit zunehmendem Interesse an Gegenständen. Ab ca. dem 8. Monat verbindet das Kind Erwachsenen und Gegenstand und hat damit nach BRUNER die Grundlage für die sprachliche Referenz im Sinne von wir denken/sprechen über einen gemeinsamen Gegenstand erreicht (vgl. ZOLLINGER 1997).

Die vorsprachlichen Routinespiele sind zunächst noch stark von der Mutter gestaltet. Sie versucht schon früh, dem Baby Gegenstande zu geben.

Ab ca. dem 6. Monat streckt das Kind von sich aus die Arme nach einem Gegenstand aus, ab ca. dem 10. Monat gibt es ihn wieder her und beginnt ab dem 12. Monat das Spiel zu dominieren.

Der Austausch von Vokalisationen wird ebenfalls zuerst von der Bezugsperson hergestellt, indem sie den Lautäußerungen des Kindes Bedeutung gibt, indem sie in bestimmter Weise darauf reagiert. Außerdem imitiert sie die Laute. Die große Bedeutung der turn-taking Situation liegt darin, dass sie den Anforderungen der Organisation eines kommunikativen Systems genügt. Diese liegt darin, dass auf ein bestimmtes Verhalten das ihm entsprechende folgen muss.

Grundsätzlich ist das Kind also von Anfang an für soziale Beziehungen bereit, doch muss die Mutter diese strukturieren, um die Entwicklung kommunikativer Fähigkeiten des Kindes anzubahnen und zu fördern.

5.3.4 Interaktionsmöglichkeiten der Mutter

Spezielle elterliche Verhaltensweisen zum Aufbau der Kommunikation

SCHAFFER (1982) nennt sechs spezielle mütterliche Verhaltensweisen zum Aufbau von Kommunikation bei Kindern, die hier kurz dargestellt werden sollen, da sie einen guten Überblick über die vorangegangenen Überlegungen darstellen:

Phasierungstechniken

Die Mutter beobachtet bei der Beschäftigung mit ihrem Kind unbewusst ständig seine Aktivitäten, damit sie ihre eigenen Interventionen mit den seinen präzise synchronisieren kann. Interaktionen werden von der Mutter durch ihre Bereitschaft, zur rechten Zeit an der rechten Stelle auf das Tun des Kindes einzugehen, weitergeführt, indem sie die Tätigkeiten des Kindes modifiziert, entwickelt oder wiederholt. Vor allem muss sie ihrem Baby gestatten, den zeitlichen Ablauf des Vorgangs durch seine Aktivität festzulegen. Das Herstellen gemeinsamer Aufmerksamkeit ist oft bloß der erste Schritt einer ganzen Serie von Aktivitäten. Die Bezugsperson schaut, kommentiert, benennt und erläutert, was das Kind sieht. Hieraus folgt ein gemeinsames Teilnehmen an Erfahrungen, ausgelöst vom spontanen Interesse des Kindes an seiner Umgebung.

Adaptive Techniken

Erwachsene und auch größere Kinder ändern ihr Verhalten Kleinkindern gegenüber in bereits erwähnter Weise (langsamere Bewegungen, häufige Wiederholungen, übertriebenes Mienenspiel, „Baby-talk"). Diese Anpassungstechniken gewährleisten, dass ein Kind, das noch langsamer wahrnimmt und mehr Zeit benötigt, um das Erlebte und Erfahrene zu verarbeiten, die Möglichkeit für die Verarbeitung neuer Informationen und dargebotener Reize bekommt.

Erleichterungstechniken

In Interaktionen wird erstaunlich wenig Zeit auf das direkte Belehren des Kindes verwandt. Die Bezugsperson bringt bestimmte Dinge herbei, legt andere beiseite und bereitet und strukturiert so dem Kind die Umwelt. Es wird viel gelobt, Fehler werden übersehen und es werden verschiedene unaufdringliche Erleichterungstechniken benutzt, die generell darauf abzielen, das Kind in seinen Aktivitäten zu ermuntern.

Ausgestaltungstechniken

Die Bezugsperson lässt das Kind zunächst sein eigenes Interesse bekunden und gestaltet diesen Schwerpunkt dann im eigenen Kontext des Kindes aus. Hierbei wird die Handlung intensiv von Sprache begleitet. Eine Betreuung ohne verbale Ansprache erscheint unnatürlich. Was die Betreuungsperson spricht, ist nicht willkürlich oder beliebig, sondern sehr eng mit den Eigen-aktivitäten des Kindes verzahnt. Ein Beispiel: Die Mutter hat ein Spielzeug im Interessenbrennpunkt des Kindes ausgemacht. Sie holt es herbei, benennt es, zeigt die Merkmale auf und demonstriert die Funktion. Hierbei spricht sie, wobei sie das Gesprochene oft noch wiederholt. Die Wiederholungen sind immer leicht gewandelt, wodurch die Aufmerksamkeit des Kindes erhalten bleiben soll.

Einleitungstechniken

Will die Mutter die Initiative zur Kommunikation ergreifen, muss sie die Aufmerksamkeit des Kindes erreichen. Hat sie diese erreicht und will sie diese nun auf ein Objekt der Umgebung lenken, wird sie nicht darauf zeigen, sondern das Objekt nach Möglichkeit zum Kind bringen. Sie findet verschiedene Möglichkeiten, die Kommunikation mit ihrem Kind in die Wege zu leiten.

Kontrolltechniken

Die Mutter passt sich im Tempo dem Begriffsvermögen des Kindes an. Ihre Sprache ist meist von nicht-verbalen Gesten begleitet, die dem Kind zusätzliche Orientierungshilfen bieten. So gibt sie dem Kind schon früh die Möglichkeit, ihre verbalen Impulse (Hinweise, Verbote o.ä.) zu verstehen.

Insgesamt betrachtet gestaltet die Mutter die Interaktion so, dass zunächst das Kind der „Schrittmacher" ist und Tempo und Dauer bestimmt, bis ihr Kind die Grundlagen der Kommunikation erworben hat und sie sich dann vermehrt auch mit ihren Anforderungen und Hinweisen einbringen kann.

Anmerkungen

1 Es wird immer wieder die Rede von der „Mutter" oder „Mama" sein, da die Mutter meist die engste Bezugsperson eines Kindes ist. Wir möchten jedoch ausdrücklich darauf hinweisen, dass die Aussagen auch auf andere Bezugspersonen, den Vater natürlich oder beispielsweise auch eine konstante Pflegeperson, zutreffen!

2 Die Ausführungen zur Mutter-Kind-Interaktion beziehen sich vor allem auf die Studien von Daniel Stern, einen der bekanntesten „Babyforscher", der sich besonders intensiv mit diesem Themenbereich auseinander setzte und dessen Forschungen und Publikationen seit den 70er Jahren von großer Bedeutung waren und nach wie vor sind.

3 Wenn im Folgenden diese intuitive elterliche Didaktik genauer analysiert und vorgestellt wird, so erfolgt dies nicht, um elterliches Verhalten zu verbessern (vgl. STERN, 2000, 17), sondern lediglich zum Bewusstmachen einzelner Strukturen und damit zum Nutzbarmachen für die Kommunikation mit schwerbehinderten Kindern. Die Autoren hoffen, dass trotz einer sehr technisierten und funktionellen Darstellungsweise die Abläufe verdeutlicht und genutzt werden können.

4 Natürlich wissen wir, dass eine solche kommunikative Situation kein Monolog der Mutter ist, da ihr Baby ihr ja schon bald die verschiedensten Botschaften weitergibt, auf die die Mutter mit ihrem Sprechen eingeht.

5 Diese Aussage trifft nicht bei einem Schreien des Kindes zu – undenkbar, dass eine Mutter oder ein Vater immer innerhalb drei Sekunden reagieren würde – sondern bezieht sich auf kommunikative Signale des Kindes innerhalb einer stattfindenden Interaktion.

6. Erschwernisse in der Kommunikation durch die Behinderung des Kindes

„Beschreibung eines Menschen: Er liegt meist im Bett, vor allem auf dem Rücken und schreit ab und zu ausdauernd und ohne erkennbaren Grund. Manchmal lässt er sich beruhigen. Ab und zu scheint er nach etwas greifen zu wollen, das gelingt aber nie, statt dessen kommen unsinnig erscheinende, ungezielt und stereotyp wirkende und oft ruckhafte Bewegungen zustande. Blickkontakt tritt ab und zu flüchtig auf, eher unabsichtlich.

Manchmal glaubt man, ein Lächeln entdecken zu können. Wenn er an etwas lecken kann, scheint er Interesse zu haben, dabei fließt ihm Speichel davon. Seine Schließmuskulatur funktioniert nicht."

(KLAUß, 1999, 29 nach einer Idee von GOLL, 1993)

➡ Ist dieser Mensch in der Lage, mit Ihnen zu kommunizieren? Kann er Ihnen etwas über sein momentanes Befinden mitteilen?

Besonderheiten erschweren die Kommunikation mit schwer beeinträchtigten Menschen

KLAUß beschreibt in seinen Ausführungen nichts anderes als ein Baby. Keine Mutter, kein Vater würde jemals behaupten, ihr Kind könne ihnen nichts mitteilen und doch haben viele Menschen Schwierigkeiten damit, sich eine Kommunikation mit Menschen in einer frühen Entwicklungsphase vorzustellen. Wie viele Möglichkeiten und Fähigkeiten es jedoch schon in diesen vergleichsweise frühen Phasen gibt, wurde bereits hinreichend erläutert. Und doch gibt es bei Menschen mit schwerer Beeinträchtigung einige Besonderheiten, die kommunikative Prozesse erschweren oder teilweise auch unmöglich erscheinen lassen.

Kommunikation ist immer als wechselseitiger Prozess anzusehen: Die Äußerungen von Person A beeinflussen die Antwort von Person B, deren Reaktion wiederum sich auf Person A auswirkt.

Das bedeutet aber auch:

Eine Veränderung bestimmter Verhaltensweisen des einen Partners führt zu einer veränderten oder gestörten Reaktion des anderen Partners, welche sich wiederum auf die Handlungen des ersten Partners auswirkt.

Die Störung oder Veränderung kann also sowohl bei dem Kind als auch beim Erwachsenen liegen. Sie kann kurzfristig auftreten, weil das Kind beispielsweise krank oder müde ist oder auch weil die Mutter gestresst ist, mit ihren Gedanken vielleicht gerade ganz woanders verweilt. Auch durch solche vergleichsweise kleine Einschränkungen kann eine momentane kommunikative Situation erschwert oder sogar verhindert werden. Solch eine

Störung wird aber, wenn sie im Einzelfall und nicht andauernd auftritt, keine weitreichenden Folgen für die Beziehung haben, da die Partner im Allgemeinen über die notwendigen Kommunikationsmittel verfügen. Die Störung ist erklärbar, der Partner bleibt „lesbar“ und somit berechenbar.

Gravierendere Folgen kann es haben, wenn bei einem der Partner das Repertoire an kommunikativen Verhaltensweisen grundlegend verändert ist. Auch solch eine Störung kann auf beiden Selten auftreten, doch sollen im Bezug auf unser Thema an dieser Stelle nur Veränderungen erörtert werden, die sich infolge von Behinderung des Kindes ergeben.

Im Umgang mit Kindern mit sehr schweren Beeinträchtigungen finden wir häufig eine Situation vor, die mit dem folgenden Schaubild verdeutlicht werden soll:

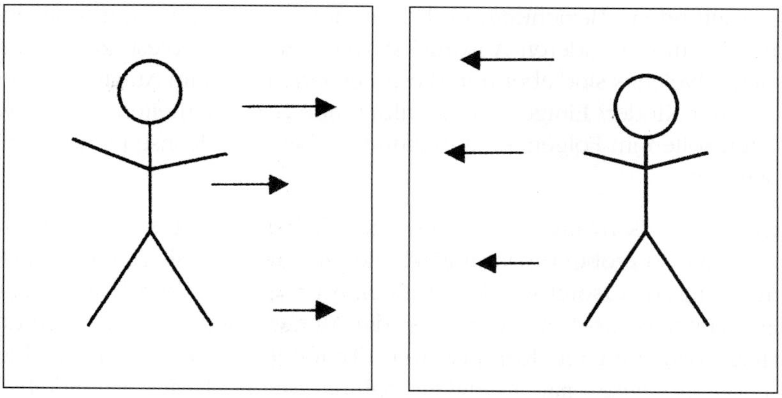

Abb. 7

In der Kommunikation mit schwer behinderten Kindern teilt sich das Kind mir vielleicht auf eine Weise mit, die ich nicht kenne oder nicht zu lesen gewohnt bin

Der Andere teilt sich mir mit, aber nicht auf eine Weise, die ich kenne, die ich gewohnt bin und mit der ich sicher umgehen kann. Umgekehrt kommen von mir Mitteilungen, die mein Gegenüber nicht versteht. Sollen diese Hürden überwunden werden, ist es notwendig, sich diese möglicherweise vorhandenen Besonderheiten mit ihren Auswirkungen bewusst zu machen.

Welcher Art sind diese Veränderungen? Bei einer Verständigung ohne Worte läuft viel über das „Ablesen“ von Körpersignalen des Kommunikationspartners ab. Dies betrifft sowohl die Verständigung mit Kleinkindern, als auch mit Erwachsenen. MOLCHO schreibt in seinem Buch *„Körpersprache“*, der Körper sei unfähig, nicht zu kommunizieren. Jeder Mensch wirke durch seine Haltung und sein Verhalten auf seine Umgebung wie ein Reiz oder ein Reflex. Wahrnehmen bedeute, zuerst Körpersignale und Verhalten zu erkennen, Kommunizieren heiße, sie richtig zu interpretieren und verständlich zu antworten. Abweichungen von der Norm erscheinen unnatürlich und fremdartig. Ein Kind, dass sich nach eigenem Rhythmus völlig anders bewege, konfrontiere seine Bezugspersonen mit Bewegungen, die man nicht gewöhnt sei und durch die Kommunikation und Beziehungsaufbau erschwert werde (vgl. MOLCHO 1996). GR0HNFELDT stellt fest, dass man sich bei einem Widerspruch von lautsprachlicher Aussage und nonverbalem Verhalten eher auf den nonverbalen Eindruck verlässt, da dieser weniger manipulierbar ist und elementaren Ausdrucksformen entspricht (vgl. GROHNFELDT 1999).

Schwer behinderte Kinder zeigen häufig eine andere Körpersprache. Die Besonderheiten dieser gilt es sich bewusst zu machen

Körpersignale scheinen also wichtige Signale über Zustand und emotionale Befindlichkeit zu vermitteln und das Reagieren und Antworten auf solche Signale geschieht intuitiv. Gerade diese Signale sind bei Kindern mit schwerer Behinderung jedoch häufig verändert, eine intuitive Reaktion kann oft nicht stattfinden. Beziehung und Kommunikation kann nur entstehen, wenn ich um die anderen Ausdrucksformen weiß und diese zu verstehen versuche. Welches sind aber nun diese Besonderheiten im Ausdruck schwer behinderter Kinder? Einige, häufig auftretende Besonderheiten und Schwierigkeiten sollen im Folgenden aufgeführt und in ihren Konsequenzen erläutert werden.

Erschwernisse in der Kommunikation durch Anpassungsschwierigkeiten

❑ Kinder mit schweren Behinderungen haben häufig schon peri- und postnatal so große Anpassungsschwierigkeiten, dass sie schnell intensivmedizinisch versorgt werden müssen. Nach einer Geburt liegt ein Säugling zunächst noch auf der Brust der Mutter, spürt den ihm vertrauten Herzschlag und die Körperwärme. Treten Komplikationen auf, bleibt schon für diese erste Kontaktaufnahme außerhalb des Mutterleibs oft keine Zeit. Möglicherweise sind schon nach der Geburt und auch danach im frühen Kindesalter lange Krankenhausaufenthalte erforderlich. Die Mutter ist hier oft schon aus organisatorischen Gründen nicht in der Lage, ihrem Neugeborenen mit der gleichen Intensität und Kontinuität zu begegnen, wie es zu Hause möglich wäre. Auch psychische Faktoren können die Mutter hemmen – da liegt ihr Baby an Schläuchen und Apparaten, alles ist so ganz anders als gewünscht und erwartet und die Angst scheint jegliche Aktivität zu ersticken.

  Dies trifft auch bei sehr früh geborenen Kindern zu, die durch Komplikationen wie Hirnblutung o.ä. schwere Schädigungen erworben haben. Durch diesen Mangel an Zuwendung durch die Mutter und durch häufig wechselndes Personal im Klinikalltag kann es schon hier zu gravierenden Schwierigkeiten in der Mutter-Kind-Interaktion und Kommunikation kommen, das Kind kann des weiteren keine elementaren Konzepte ausbilden. Für die Eltern wiederum wird es deutlich schwieriger, ja ist es vielleicht auch nicht möglich, Verhaltensweisen wie die oben dargestellten zu erwerben, die den kommunikativen Umgang mit dem Kind erleichtern würden (vgl. FRÖHLICH 1979).

Erschwernisse in der Kommunikation durch erschwerte Einschätzung des Aktivitätsniveaus

- Für Eltern sind Muskelspannung und Mimik des Kindes ein Signal, das ihnen Informationen über den Zustand des Kindes vermittelt. Dadurch ziehen die Eltern Schlüsse auf die Kommunikationsbereitschaft und das Aktivitätsniveau ihres Kindes. Die Zustandswechsel weisen einen zyklischen Charakter auf, wofür Regelmechanismen im Gehirn verantwortlich sind. Eine Hirnschädigung kann diesen Zyklus beeinträchtigen oder zunichte machen, was dazu führt, dass die Bezugsperson ihr Kind nicht sicher einschätzen kann (vgl. SCHAFFER 1982).

Erschwernisse in der Kommunikation durch veränderte Muskelspannung

- Viele Kinder mit einer schweren Behinderung haben grundsätzlich eine sehr hypotone, also niedrige, Muskelspannung und ein sehr niedriges Aktivitätsniveau. Für Mutter und Vater wirkt das Kind dann oft müde und man will es nicht stören. So wird es von den Betreuungspersonen unter Umständen nicht genügend stimuliert.
- Andere Kinder zeigen einen andauernden hohen, hypertonen Muskeltonus. Sie wirken häufig aktiv oder auch angespannt, bekommen dadurch möglicherweise auch Anregungen in zu hohem Maße, die sie nicht reduzieren können. Die Kommunikation ist irritiert, da die Bezugspersonen sich auf die Signale des Kindes nicht verlassen können.
- Blickausrichtung und Drehen des Kopfes sind frühe Mittel des Kindes, den Kontakt mit einem Erwachsenen zu steuern. Blickausrichtung auf den Partner initiiert einen Dialog. Sind aber die Augenbewegungen des Kindes ebenfalls mitbetroffen, entstehen hier Schwierigkeiten:

  „Durch starke nystagmusartige Bewegungen kommt es zu einer sehr unsicheren Wahrnehmung. Blickkontakt ist fast unmöglich, die Augen geben auch nur wenig Rückmeldung an Mutter / Vater weiter". (FRÖHLICH 1990, S. 312).

Erschwernisse in der Kommunikation durch Sehbeeinträchtigung oder mangelnde Kopfkontrolle

Ein Wegdrehen des Kopfes unterbricht den Dialog, schafft Pausen und reguliert die Menge der Zuwendung. Voraussetzung hierfür ist eine gut ausgebildete Kopfkontrolle. Kinder mit cerebralen Bewegungsstörungen haben oft Schwierigkeiten mit dieser Kopfkontrolle. Sie sind dann nicht in der Lage, ihren Kopf in der Mittelposition zu halten und damit die Kommunikation aufrecht zu erhalten. Ist eine Kommunikation initiiert, so ist die Hinwendung zum Gegenüber ungeheuer erschwert. Das Kind verliert den Blickkontakt zu seinen Bezugspersonen schnell wieder, weil es den Kopf nicht in der benötigten Position halten kann. Das Kind erlebt des Gesicht der Betreuungsperson als kurzfristiges Erlebnis und nicht als sicheren Bestandteil der kindlichen Umwelt. Damit hat es kein Konstanzerlebnis (FRÖHLICH 1990). Die Blickausrichtung kann auch aufgrund dieser mangelnden Kopfkontrolle die Beziehungsaufnahme erschweren.

Liegt der Kopf des Kindes in einer guten und stabilen Position, so ist es vielleicht nicht in der Lage, ihn wegzudrehen und sich auf diese Weise Auszeiten zu schaffen, um das Wahrgenommene zu verarbeiten oder die Beendigung der kommunikativen Situation zu signalisieren. Die Kinder haben somit wenig Gelegenheit, ihr Verhalten als Auslöser für soziale Interaktion zu erfahren (vgl. SARIMSKI 2001).

Erschwernisse in der Kommunikation durch veränderte Mimik und Lautäußerung

- Weiterhin kann durch eine cerebrale Bewegungsstörung die Variationsbreite der mimischen Veränderung eingeschränkt sein. Das Kind zeigt dann beispielsweise vielleicht häufig eine Art Lächeln, obwohl ihm eigentlich gar nicht mehr danach zumute ist, aber es kann aufgrund der Veränderungen in seinem Muskeltonus nur die jeweiligen „Endpunkte“ der mimischen Entwicklung, also ein Lächeln oder ein betrübtes Aussehen mit seinem Gesicht ausdrücken. Die „Zwischenstufen“, Variationen, bleiben weitgehend aus. Auch die Lautbildung kann verzögert und auch verändert sein. Nicht nur für das Kind, auch für die Bezugsperson ist es wichtig, dass sie Mimik und Lautäußerungen des Kindes aufnehmen und widerspiegeln kann. In einer Interaktion tut sie das ständig intuitiv und zeigt sie somit dem Kind. Das Kind lernt so, seine eigenen mimischen und stimmlichen Möglichkeiten einzuschätzen und sie als wirksam zu erleben (FRÖHLICH 1990).

  Veränderungen durch eine Bewegungsstörung wie Ataxie, Athetose oder Spastik oder durch einen veränderten Muskeltonus können bewirken, dass Stimme und Mimik des behinderten Kindes seinem Bezugspartner so fremd erscheinen, dass sie von diesem kaum wiedergespiegelt werden können. Das Kind bekommt somit keine Rückmeldung über seine eigenen Produkte. Es erlebt keine adäquate elterliche Reaktion auf von ihm initiiertes Verhalten. Die Erfahrung der „Manipulierbarkeit“ der Bezugspersonen geht verloren, es lernt den Kommunikationswert seines Verhaltens in diesem Bereich nicht kennen.

- Hinzu kommt, dass sehr schwer beeinträchtigte Kinder kaum Erfahrungen mit Hilfe von Fortbewegungen und aktiven Arm- und Handbewegungen machen können. MOLCHO hebt besonders die Hand als eines der wichtigsten Instrumente der Kommunikation zwischen Individuum und Außenwelt hervor. Neben den schon erwähnten Stimmungen, die man an der Handhaltung erlesen kann, was bei zu niedrigem oder zu hohem Muskeltonus ebenfalls erschwert oder nicht erkennbar ist, stellt man mit den Händen Kontakt zu den Dingen her und man greift mit ihnen nach der Welt, um sich diese be-greif-lich zu machen. Wer sich nicht mit den Händen ausdrücken kann und mit ihnen den Anderen erfahren kann, entbehrt eines der wichtigsten Verständigungsmittel (vgl. MOLCHO 1996).

Erschwernisse in der Kommunikation durch eingeschränkte Bewegungsmöglichkeiten und persistierende Reflexe

- Kann ein Kind greifen und damit ein Stück mehr seine Welt erkunden, so nimmt es alle Dinge zunächst in den Mund und erkundet sie mit diesem hochsensiblen Sinnesorgan sehr genau. Dadurch gewinnt es Informationen über die Beschaffenheit der Gegenstände, erhält aber gleichzeitig auch zahlreiche sensorische Erfahrungen für den Mundbereich, die ihm helfen, sein Lautieren immer weiter zu differenzieren. Bei sehr schwer behinderten Kindern bleiben Reflexe, die jedes Kind zu Beginn seines Lebens zeigt, oft noch lange erhalten. Einer dieser Reflexe ist beispielsweise der Asymetrisch-Tonische-Nackenreflex: Liegt der Kopf des Kindes auf einer Seite, so sind auf dieser Seite der Arm und das Bein gestreckt. Das Kind ist daher nicht in der Lage, Gegenstände zum Mund zu bringen und erhält schon daher weniger sensorische Angebote in diesem Bereich.
- Des weiteren haben viele schwer behinderte Kinder auch im Mundbereich die Schwierigkeiten eines erhöhten oder erniedrigten Muskeltonus. Neben der Konsequenz, dass damit Laute schlechter gebildet werden können und Lautieren sich fremd anhört (s.o.) bereitet sehr häufig auch die Nahrungsaufnahme große Probleme. Kann das Kind Nahrung über seinen Mund aufnehmen, so bleibt es häufig doch bei passierter Nahrung, was wiederum die sensorischen Angebote im Mundraum einschränkt – mit den bereits erwähnten Folgen für die Lautbildung.

Solche pathologischen Bewegungsmuster verhindern auch, dass das Kind seine taktile Wahrnehmung selbständig entwickeln und seine Welt ergreifen und begreifen kann. Das Kind hat nicht die Möglichkeit, sich in einer Weise zu bewegen, die ihm ermöglichen würde, seine Umgebung zu erkunden und sensumotorische Erfahrungen zu sammeln. „Wenn-dann-Erfahrungen" der Form: Wenn ich da draufbeiße, dann quietschts, wenn ich da draufdrücke, geht das Licht an, bleiben aus, das Kind kann dadurch keine selbstständigen Erfahrungen über die Auswirkungen seines eigenen, aktiven Handelns sammeln. Das Kind hat große Schwierigkeiten, seine sensu-motorische Intelligenz auszudifferenzieren. Denkschemata entstehen in der Regel aus Handlungsschemata. Sind diese dem Kind nur eingeschränkt verfügbar, so können die Auswirkungen der Hirnschädigung sich summieren, da der Mangel an selbstvermittelter sensorischer Informationszufuhr durch Selbstbewegung zu erheblichen Lücken in der intellektuellen Entwicklung führt (vgl. FRÖHLICH, 1979). Sprach- und Artikulationsentwicklung findet oft nur in äußerst begrenztem Ausmaß statt. Um die Summierung der Aus-

Damit sich Auswirkungen einer Hirnschädigung nicht summieren, müssen Wege der Kompensation gefunden werden

wirkungen so weit wie möglich zu kompensieren, müssen indirekte Wege, meist über die Aktivitäten der Bezugspersonen, gefunden werden.

Bei Kindern mit starker cerebraler Bewegungsstörung steht der Körper also als Ausdrucksorgan nur bedingt zur Verfügung. Unkoordinierte Bewegungen und Lähmungen reduzieren die Ausdrucksvielfalt. Durch eine Verminderung des Ausdrucks- und Mitteilungspotentials wird der Kommunikationspartner von Anfang an in hohem Maße irritiert.

PAPOUSEK und PAPOUSEK (1989) heben in diesem Zusammenhang zusätzlich das „Kindchenschema" hervor, das als Auslöser der intuitiven elterlichen Verhaltensweisen gesehen wird. Verschwinden diese Merkmale, das Kind benötigt aber aufgrund seines Entwicklungsstandes und seines besonderen Lerntempos auch noch diese besonderen Umgangsformen, so sind die Eltern und Erzieher nicht mehr ohne weiteres in der Lage, diese Verhaltensweisen anzuwenden. Intuitiv ausgelöst funktionieren die elterlichen Fähigkeiten verlässlich und ohne Mühe, rational auslösen lassen sie sich kaum (vgl. PAPOUSEK / PAPOUSEK 1989).

Liegt eine schwere Behinderung vor, so verwendet die Bezugsperson oft mehr Energie in die Aufrechterhaltung der Kommunikation, als in die Kommunikation selbst

Die Kommunikation kann also durch eine Behinderung nachhaltig in ihrer Entwicklung gestört werden. Längere Krankenhausaufenthalte behindern das frühe Kennenlernen von Eltern und Kind. Mangelnde Bewegungskontrolle macht es dem Kind schwer, Kommunikation zu beginnen, die Aufmerksamkeit des Erwachsenen auf ein bestimmtes Objekt zu lenken und dies damit zum Thema des kommunikativen Dialogs zu machen. Die Signale des Kindes sind schlecht lesbar, so dass die Verständigung oft misslingt, da die Signale vom Erwachsenen nicht verstanden werden. Das kommunikative Verhalten kann kaum modifiziert werden, um dem Partner die tatsächliche Intention erfolgreich mitzuteilen. Der erwachsene Partner initiiert die Kommunikation meist und versucht, sie aufrecht zu erhalten. In die Versuche, die Kommunikation aufrecht zu erhalten, geht jedoch oft mehr Energie, als in die Kommunikation selbst (vgl. FRÖHLICH 1990; SARIMSKI 2001).

Durch Ansteigen des Aufwandes zur Aufrecherhaltung der Kommunikation kann diese letztendlich zusammen brechen

Die starke Führung der Bezugspersonen im Kommunikationsablauf sieht SARIMSKI als das Ergebnis eines Anpassungsprozesses an die verminderte Handlungs- und Kommunikationskompetenz der Kinder an (vgl . SARIMSKI 2001).

Kommt es zu einem weiteren Ansteigen des Aufwandes bei seltenen Erfolgen, so kann Kommunikation als wechselseitiger Austausch zusammenbrechen und es kommt zu einer einseitigen Versorgung des Kindes ohne wechselseitiges Verständnis (vgl. FRÖHLICH 1990).

Auch PFEFFER weist ausdrücklich auf die außerordentliche Belastung der Bezugspersonen hin.

> *„In jedem Fall ist der Anfang der Kommunikation so belastet, dass eine Aufkündigung des Bezugs droht, wenn sich keine Möglichkeiten für wechselseitige Mitteilungen in absehbarer Zeit abzeichnen. [...] Die Erfahrung von Kommunikationsverweigerung oder schwer gestörter Kommunikation trotz intensiver Angebote seitens der Erzieher impliziert die sehr schwere Aufgabe, Kommunikationsangebote durchzuhalten, die Kinder und Jugendlichen nicht alleine zu lassen, da sonst der psychogene Tod droht." (PFEFFER 1988, S.144).*

Kommunikationsentwicklung kann durch eine Behinderung nachhaltig gestört werden, durch Bewusstmachung kommunikativer Prozesse und Einlassen auf andere Formen des Austausches und Miteinanders kann ein Dialog dennoch möglich werden!

Hierzu muss sich die Bezugsperson auf eine ganz elementare Ebene begeben und sich auf Kommunikationsformen einlassen, die sich sonst nur beim Kleinkind finden. Sie muss ihre „biologischen Grenzen" überwinden können, da sie zum einen Verhaltensweisen zeigen muss, die eventuell nur vom Kleinkind ausgelöst werden können, zum anderen muss sie sich gegen alle scheinbaren Anzeichen von Apathie, Interesselosigkeit, Ablehnung, Widerstand bis hin zur subjektiv erlebten Aggressivität systematisch und langfristig um Kommunikation bemühen (vgl. FRÖHLICH 1990).

Trotz all dieser Schwierigkeiten, die gegenseitige Verständigung fast undenkbar erscheinen lassen, gilt:

> *„Ob ein behinderter Mensch kommunizieren kann, liegt darin, ob wir seine Sprache erlernen, nicht umgekehrt." (F. v. Bodelschwingh)*

Wir sind gefragt, uns auf diese besonderen Kommunikationssituationen einzulassen, die Signale, die unser Gegenüber uns macht, verstehen zu lernen, oft entgegen jeder Intuition und Logik.

7. Untersuchung

Im Folgenden soll die schon mehrfach erwähnte Untersuchung dargestellt werden, die zum Ziel hatte, anhand einer Analyse kommunikativer Situationen zwischen Müttern und ihren schwerbehinderten Kindern Möglichkeiten und Schwierigkeiten der Kommunikation zu verdeutlichen und damit gegebenenfalls Hilfen und neue Möglichkeiten zu eröffnen.

7.1 Ausgangslage – wie kam es zu dieser Untersuchung?

In vielen Gesprächen mit Eltern schwerbehinderter Kinder wurde immer wieder das Problem thematisiert, mit dem eigenen Kind zu kommunizieren. In einer früheren Untersuchung konnte andeutungsweise herausgearbeitet werden, dass gerade Kommunikationsschwierigkeiten bei den Eltern schwerbehinderter Kinder auf Dauer zu einer eher negativen Einschätzung der Gesamtsituation führen (FRÖHLICH, 1986). Auch KLAUß (1999, 29, vgl. auch Kap.1) hebt diesen Aspekt besonders hervor.

Eine Elterngruppe schwer anfallskranker Kinder aus Mainz suchte zunächst Informationen und Beratung in allgemeiner Hinsicht. Ihren Kindern war eine frühkindliche zerebrale Schädigung gemeinsam. Die Kinder waren unterschiedlich alt, befanden sich aber alle auf einem vergleichsweise sehr frühen Entwicklungsstand, konnten nicht sprechen und waren, nach unserem dargestellten Verständnis, schwerbehindert oder von schwerer Behinderung bedroht.

Im Laufe der gemeinsamen Gespräche zeigte sich dann immer mehr, dass auch hier vor allem die kommunikativen Bedürfnisse der Eltern nicht befriedigt werden konnten. Sie hatten häufig das Gefühl, ihren Sohn, ihre Tochter nicht zu verstehen und von ihrem Kind auch nicht verstanden zu werden. Außerdem fühlten sie sich zum Teil von ihren Kindern nicht als Individuum, als „meine Mama" und „mein Papa" wahrgenommen. Ihnen fehlte der Zugang zur Welt ihrer Kinder, Unsicherheit entstand, manche Eltern waren verzweifelt.

Aus dieser Unzufriedenheit und mit dem Wissen um die Notwendigkeit einer Verbesserung entstand die Idee, Kommunikationssituationen der Kinder mit ihren Bezugspersonen zu beobachten und zu analysieren. Auf diese Weise sollte herausgefunden werden, welche kommunikativen Fähigkeiten dem Kind zur Verfügung stehen und welche der Bezugsperson.

Entsprechend unserer Definition von Kommunikation als interaktiver Prozess muss davon ausgegangen werden, dass auch in der Kommunikation mit schwerbehinderten Kindern beide Partner beteiligt sind und sich wechselseitig beeinflussen. Die angewandten kommunikativen Fähigkeiten des Kindes stehen also in einem direkten Zusammenhang mit denen der Mutter[1] und umgekehrt. Aus diesem Grund kann das Verhalten der Kinder nicht isoliert betrachtet und analysiert werden, sondern muss immer in Verbindung mit dem Verhalten der Bezugsperson gesehen werden.

So sollen also nicht nur die individuellen kommunikativen Fähigkeiten auf beiden Seiten herausgearbeitet werden, sondern jeweils auch der Ablauf der Interaktion analysiert werden.

Die Fragestellungen der Erhebung könnte man demnach wie folgt zusammenfassen:

- ❑ Welche kommunikativen Fähigkeiten stehen dem Kind zur Verfügung? Wie bringt sich das Kind als aktiver Partner in die Kommunikation ein?
- ❑ Welche kommunikativen Fähigkeiten stehen der Bezugsperson zur Verfügung? Mit welchen Angeboten bringt sie sich in die „Unterhaltung" ein?
- ❑ Sind beide Kommunikationspartner beteiligt und können sich in den Dialog einbringen?
- ❑ In wiefern gehen die Kommunikationspartner auf die Angebote ihres Gegenübers ein?
- ❑ Wie kommt das Verhalten des Kommunikationspartners zustande?
- ❑ Was stört eventuell die dargestellte Interaktion?

Besondere Berücksichtung fanden innerhalb dieser Fragestellungen das sprachliche Verhalten der Bezugspersonen, Mimik und Gestik, Körperhaltung und Körperbewegungen der Kommunikationspartner, die Aufmerksamkeit beider in der aufgezeichneten Situation, Zu- und Abwendung von Mutter und Kind, Ausgangspositionen für kommunikative Prozesse.

Aus dieser Analyse sollten sich möglicherweise weitreichendere Strategien für die Kommunikationsverbesserung entwickeln.

7.2 Vorgehensweise

Die Eltern der oben erwähnten Gruppe stellten aufgrund der im Vorfeld dargestellten Überlegungen Videos von sich und ihren Kindern her. Die Mutter oder engste Bezugsperson sollte mit ihrem Kind eine kommunikative Situation ihrer Wahl herstellen. Diese Situation sollte möglichst natürlich sein und den alltäglichen Umgang mit seinen Möglichkeiten und Schwierigkeiten widerspiegeln.

Im Sinne eines ebenso möglichst natürlichen Umfeldes und zur Vermeidung von Irritationen wurden die Aufnahmen auch von einer vertrauten Person, meist dem Vater, durchgeführt. Mit dieser Vorgehensweise sollte zugleich die Privatheit der Situation berücksichtigt, wie auch die Autonomie der beteiligten Familien gestärkt werden.

Des weiteren wollten wir durch diese Herangehensweise deutlich machen, dass Eltern und Kinder nicht zum Objekt wissenschaftlicher Untersuchungen werden, sondern gleichberechtigte Partner in einem gemeinsamen Forschungs- und Erkenntnisprozess sind. Unter diesem Aspekt wurden auch nach den Aufnahmen und dem Abschluss der Studie Kontakte zu den Familien gehalten, Besprechungen durchgeführt und allgemeine Fragen der Kommunikation erörtert.

Um alle Fragestellungen adäquat bearbeiten zu können, wurde mit einfachen technischen Mitteln versucht, die Gesichter beider Interaktionspartner sichtbar zu machen.

Die Dauer der aufgezeichneten Kommunikationssituationen variierte. Hier wurde bewusst auf spezielle Vorgaben verzichtet, da die Gefahr bestanden hätte, einige Interaktionen aufgrund eines gesetzten Zeitlimits frühzeitig abzubrechen, andere möglicherweise unnötig auszudehnen.

Insgesamt wurden die Aufnahmen von zehn Kindern und deren Eltern analysiert. Von diesen Aufzeichnungen werden im Folgenden drei exemplarisch dargestellt, die ausgewählt wurden, weil sie Verhaltensweisen, Möglichkeiten und Schwierigkeiten besonders gut verdeutlichen. Eine vollständige Auflistung aller durchgeführten Transkriptionen und die Wiedergabe aller Analysen erachten wir hier nicht für sinnvoll, diese Darstellung wäre zu ausführlich, weshalb wir uns auf einige, in unseren Augen wesentliche, Aspekte beschränken werden. Am Ende wird jedoch in einer Zusammenfassung kurz dargestellt, welche Ergebnisse die Analysen der gesamten Untersuchung erbrachten.

7.3 Darstellungsweise

Die Autoren sind sich bewusst, dass die folgenden Darstellungen in unterschiedlichen Punkten nicht den Kriterien der Darstellung einer wissenschaftlichen Untersuchung entsprechen. Es finden sich subjektive Interpretationen, nur einzelne, mitunter kurze Teile der eigentlichen Beobachtungen werden an dieser Stelle wiedergegeben. Der vorliegende Text hat nicht vorrangig zum Ziel, wissenschaftliche Ergebnisse zu präsentieren, sondern Anregungen und Hilfen zu bieten für die Interaktion und Kommunikation mit schwerbehinderten Kindern. Aus diesem Grund wurden Passagen ausgewählt, die Möglichkeiten und Schwierigkeiten in kommunikativen Situationen verdeutlichen sollen. Die ursprünglich vorangegangene Erhebung von Anke Lazarus, die diesen Darstellungen zugrunde liegt, wurde jedoch nach wissenschaftlichen Forschungskriterien durchgeführt.

Zu Beginn jedes Beispiels wird zunächst die Ausgangsposition beschrieben. Dies erschien wichtig, da man sich dadurch vorstellen kann, wie Mutter und Kind sitzen oder liegen, ob die Haltung bequem sein kann und ob eine Orientierung auf den Kommunikationspartner aus der Ausgangslage heraus möglich erscheint.

Die Aufzeichnungen sind so gestaltet, dass im linken Teil der Ablauf der Interaktion dargestellt ist. In der rechten Spalte finden sich Anmerkungen zum Geschehen: Was passiert hier gerade? Welche kommunikativen Elemente lassen sich in genau diesem Moment verzeichnen? Wo finden sich Kommunikationssignale? Wer agiert, wer reagiert? Im Anschluss daran wird die Gesamtsituation reflektiert und analysiert. Sowohl die Anmerkungen in der rechten Spalte als auch die abschließende Analyse liefern keine fertigen Konzepte zur Kommunikation, sondern laden ein zum Nachdenken über und Analysieren eigener Kommunikationsstrukturen und -situationen.

7.4 Kommunikation – ausgewählte Beispiele

7.4.1 Johanna

Johanna liegt in Rückenlage auf dem Boden, ihre Mutter kniet rechts neben ihr.

Johanna liegt auf dem Rücken und hält eine Rassel in ihren Händen, die sie bewegt und interessiert betrachtet.	Johanna spielt, erkundet eine Rassel, zeigt ihr „Thema".
Die Mutter stützt sich mit den Händen auf und schaut das Kind an. Sie hat die Arme durchgedrückt, so dass der Abstand zu ihrer Tochter recht groß erscheint.	Großer Abstand zwischen Gesicht der Mutter und Gesicht des Kindes
Der Kameramann fragt: „Heute wird nicht mehr gelacht?" Die Mutter schüttelt den Kopf und spricht sehr leise vor sich hin: „Heute Abend wird nicht mehr gelacht. Nein, heute wird nicht mehr gelacht." „Hm, du?" Die Mutter fasst Johanna leicht auf den Bauch. „Drückst Du schon wieder? Aach. Komm mal her, ich zieh dir mal das Höschen aus." Sie geht mit dem Oberkörper zurück.	Mutter entfernt sich weit von Johanna.
Johanna lässt ihr Spielzeug fallen und schaut die Mutter an.	Johanna beendet ihr Rasselspiel, sucht Blickkontakt mit der Mutter.
Die Mutter beugt sich wieder etwas vor: „Mal sehen, ob du dann gleich wieder anfängst zu drücken." Sie beginnt, das Kind auszuziehen: „Ääch musst du feste machen, feste, feste." Dabei kommt sie mit dem Kopf wieder etwas vor und schaut das Kind an. Sie lächelt. „Ja du kleine Motte, feste, ja, ääch."	Mutter beginnt, Johanna auszukleiden und nimmt wieder Blickkontakt mit ihr auf.
Das Kind schaut in die Luft und macht mit der linken Hand „Winkbewegungen". Als die Mutter sich über sie beugt, blickt sie wieder zu ihr.	Johanna reagiert auf Anschauen und nahe Ansprache der Mutter.
Die Mutter wendet sich wieder dem Auskleiden zu: „Müssen wir die Unterhose auch ausziehen, damit du drücken kannst?" Sie beugt sich wieder zu ihrem Kind herunter: „Na, komm mal her, ääch.	Mutter wendet sich wieder vom Gesicht ihres Kindes ab und widmet sich dem Auskleiden, schaut sie dann wieder an.

Nix zu machen, dann ist da gar kein Häufchen drin!"	Verbales Feedback über ihre Handlungen findet statt.
Johanna ergreift ihre Kette, zieht daran und bewegt heftig den Arm.	Johanna zeigt einen neuen Spielgegenstand, der sie offensichtlich interessiert.
Die Mutter beugt sich etwas weiter herunter: „He, he, he, ja, feste." Sie macht „mmm", wobei sie mit dem Oberkörper nach unten geht und mit ihrem Kopf das Gesicht des Kindes berührt.	Mutter nimmt wieder näheren Kontakt zu ihr auf.
Johanna hält in ihren Bewegungen inne, schaut hoch zu ihr und dreht dann den Kopf etwas nach links.	Johanna reagiert auf Kontakt der Mutter.
Die Mutter nimmt den Kopf wieder hoch, schaut das Kind an und sagt sehr leise etwas. Dann beugt sie sich erneut herunter und küsst ihr Kind auf die Stirn. Sie geht mit dem Körper ganz nach oben und sitzt aufrecht, so dass der Abstand zwischen Mutter und Kind recht groß ist. Dann schiebt sie den Pullover des Kindes etwas nach oben und beginnt, Johannas Bauch zu tätscheln: „Der dicke Bauch, der dicke Bauch", dabei beugt sie sich wieder etwas hinunter und blickt ihr Kind an. Sie spricht sehr leise: „Hallo? Hallo? Du, Johanna" und tätschelt dabei das Kind.	Mutter wechselt schnell und abrupt zwischen Distanz und Nähe. Sie schafft auch weite Distanz und entfernt sich so aus Johannas direktem Blickfeld, wechselt schnell zwischen Bauch und Gesicht.
Johanna ergreift erneut die Kette, zieht leicht und versucht, sie zum Mund zu führen.	Johanna zeigt erneut ihr Interesse an der Kette.
Plötzlich richtet die Mutter sich wieder auf und fährt fort, das Kind auszukleiden.	Mutter setzt ohne Reaktion auf das Signal zum „Kettenspiel" ihre Handlungen fort.
Johanna hat die Kette noch in den Händen und beginnt erneut, wild die Arme zu bewegen.	Johanna spielt weiter, zeigt ihr Interesse.
Ihre Mutter ist noch mit dem Auskleiden beschäftigt: „Oh, was bist du stark, fein machst du das, ganz fein." Dabei schaut sie auf die Windel und schiebt sich die Ärmel hoch.	Mutter reagiert ausschließlich verbal auf Johannas Spiel, hat keinen Blickkontakt mit ihrer Tochter und setzt ihr Handeln fort.

Johanna hat die Kette nun am Mund und lutscht daran.	Johanna spielt weiter, erkundet nun auch oral.
Die Mutter beugt sich wieder über ihr Kind und stützt sich mit beiden Armen neben ihm ab. Sie schaut Johanna an, wobei sie spricht: „Was ist das denn? Ist das so was Schönes?“ Sie blickt kurz weg, legt dann ihre rechte Hand auf den Bauch des Kindes und tätschelt ihn, wobei sie sehr leise und für den Beobachter nicht verständlich vor sich hin spricht.	Mutter nimmt wieder Blickkontakt auf, geht kurz auf Johannas Spiel ein, unterbricht erneut ihren Blickkontakt und wechselt wieder zu Johannas Bauch.
Johanna beginnt plötzlich wieder heftig die Kette zu bewegen.	Johanna zeigt weiter deutlich ihr Interesse.
„Oh fein, fein.“	Mutter reagiert kurz verbal.
Ihr Kind steckt die Kette wieder in den Mund.	
Die Mutter macht mit dem Oberkörper eine plötzliche Bewegung auf das Kind zu. Dann blickt sie es wieder an: „So gut schmeckt das nicht.“	Mutter wechselt abrupt von Distanz zu Nähe.
Johanna ist weiter mit der Kette beschäftigt. Sie hält sie in ihren Händen, betrachtet sie und steckt sie in den Mund.	Johanna beschäftigt sich weiter interessiert und ausdauernd mit ihrem Spielzeug, erkundet.
Die Mutter geht mit dem Oberkörper zurück, so dass die Kette den Mund nicht mehr erreicht: „Du kannst das doch nicht aufessen, dann haben wir morgen nichts mehr zu spielen.“	Mutter entfernt sich wieder und nimmt Johanna somit ihren Spielgegenstand.
Johanna schaut Richtung Kette und beginnt zu weinen.	Johanna zeigt durch Blickausrichtung und Weinen deutlich, dass sie weiterspielen möchte.
Die Mutter schaut sie an, geht mit dem Oberkörper wieder auf sie zu und beginnt, ähnlich wie ein Hund zu jaulen.	Mutter reagiert mit neuem Angebot und nähert sich wieder.
Johanna ergreift die Kette wieder, steckt sie in den Mund und schaut die Mutter an.	Johanna erreicht wieder ihr Spiel.
Diese schaut ihr Kind an, „bellt“ und spricht dann: „Ja, ja.“ Plötzlich schaut sie weg und	Mutter reagiert nicht auf Spiel, wendet sich erneut ab.

spricht: „Da kommt kein Hund, da kommt Pipi." Sie wendet sich gänzlich von ihrem Kind ab und beginnt, sich mit der Windel zu befassen. „Das sind schon mal Sachen, die dich hinterher nicht belasten."	
Johanna hat nun die rechte Hand am Mund und lautiert.	
Auf ihre Laute hin spricht die Mutter: „Lass mich nur mal die Windel unterlegen, sonst machen wir hier alles nass und wir haben doch nichts mehr zum Anziehen dabei, Johanna." Dabei blickt sie von ihrem Kind weg.	Mutter reagiert auf Lautieren ihrer Tochter, indem sie ein verbales Feedback über ihre Äußerungen gibt, jedoch ohne dabei auch Blickkontakt mit ihrem Kind auf zu nehmen.
Johanna liegt wieder ruhig da und schaut etwas umher.	Johanna schaut sich um
Die Mutter beugt sich wieder über ihr Kind und spricht: „Da muss man ein bisschen drauf achten", dann, kopfschüttelnd, „ich habe nichts mehr dabei."	Mutter nimmt wieder Kontakt auf, bringt dabei erneut nur ihr eigenes „Thema" in die Interaktion ein.
Johanna nimmt sofort Blickkontakt auf. Als die Mutter den Kopf schüttelt, dreht sie den Kopf nach rechts und beginnt erneut zu weinen. Sie dreht den Kopf wieder zur Mitte, blickt die Mutter an und weint.	Johanna erwidert Blickkontakt. Sie scheint unzufrieden, sucht sie nach ihrem Spiel?
„Ja" – die Mutter schaut Johanna an, knurrt und senkt den Kopf, so dass sie Johannas Gesicht berührt.	
Das Kind blickt sie weiterhin an und weint.	Johanna scheint etwas zu fordern, hält den Kontakt aufrecht.
Die Mutter schaut sie bekümmert an: „Och, willst du nicht mehr? Willst du nicht mehr?"	
Johanna weint stärker.	
Die Mutter nimmt eine Rassel. „Komm mal her." Sie rasselt vor dem Gesicht des Kindes und spricht dabei sehr leise vor sich hin.	Mutter bringt neues Spiel in die Interaktion ein, um Johanna zu beruhigen.

Johanna hört sofort auf zu weinen und schaut auf das Spielzeug.	Johanna reagiert auf das „neue" Spiel.
Die Mutter klopft mit dem Spielzeug leicht auf Johannas rechte Hand und gibt es ihr.	Mutter gibt ihr ihr Spielzeug zum Erkunden.
Johanna nimmt die Rassel und betrachtet sie. Dabei kommt ihr die Kette der Mutter wieder ins Blickfeld. Sofort greift sie danach.	Johanna ergreift sofort wieder die Kette, die sie interessiert.
Die Mutter beugt sich leicht vor: „Was ist denn das? Ist dir das schon wieder langweilig?"	Mutter erkennt die Kette erneut nicht als Mittelpunkt des Interesses ihres Kindes und Spielgegenstand.

Johanna – eine Auswertung

In der hier dargestellten Interaktion zwischen Johanna und ihrer Mutter hat man kaum den Eindruck, dass die beiden ins Gespräch miteinander kommen.

Johanna ist zunächst mit ihrem Spielzeug beschäftigt. Die Mutter beobachtet sie, wobei der Abstand der beiden zueinander recht groß erscheint. Sie beginnt mit dem Auskleiden ihres Kindes, einer Tätigkeit, die ein Abwenden von Johanna erforderlich macht. Die Mutter wechselt nun ständig zwischen Ab- und Zuwendung, zwischen Distanz und Nähe. Auch durch diesen abrupten Wechsel entsteht kaum ein Kommunikationsangebot für Johanna, da der Blickkontakt häufig abgebrochen wird.

Während des Zusammenseins spricht die Mutter häufig und verbalisiert mitunter auch ihre Handlungen und die ihres Kindes, sie spricht jedoch sehr leise und auch, wenn sie von ihrem Kind abgewandt ist. Es finden sich keine Wiederholungen oder stimmlichen Veränderungen, die Mimik ist während der gesamten Situation eher gleichbleibend. So wirkt das Gesagte wie eine Art Selbstgespräch über die eigenen Beobachtungen.

Johanna initiiert durch das Ergreifen der Perlenkette ein Spiel. Die Mutter geht kurz darauf ein, tut dann aber plötzlich etwas ganz anderes, indem sie sich abrupt zu ihrem Kind hinunterbeugt und sein Gesicht berührt. Anschließend baut sie wieder eine größere Distanz zu ihrem Kind auf, kommt ihm dann wieder sehr schnell nahe, um sich danach wieder in eine sehr distanzierte und eher beobachtende Position zu begeben. Damit nimmt sie sich für kurze Zeit aus der Situation heraus.

Die Mutter beginnt ein neues Thema, indem sie den Bauch des Kindes „tätschelt". Bei erneuter Zuwendung zu ihrem Kind ergreift Johanna sofort wieder die Kette und signalisiert immer wieder sehr deutlich das Zentrum ihres Interesses, die Mutter scheint dies jedoch nicht als Signal und die Kette nicht als Spielgegenstand wahr zu nehmen und wechselt immer wieder zu ihrem eigenen Thema: Auskleiden und den Bauch ihres Kindes tätscheln. Die Handlungen Johannas kommentiert sie teilweise, jedoch nimmt sie dabei nicht immer den Blickkontakt mit ihrem Kind auf.

Schließlich entzieht sie ihrem Kind seinen Spielgegenstand, woraufhin Johanna zu weinen beginnt und somit und durch das weitere Schauen in Richtung der Kette ihrem Wunsch und ihrer Enttäuschung Ausdruck verleiht.

Die Mutter versucht, ein neues Spiel zu beginnen, um ihre Tochter zu beruhigen. Ihre Reaktion auf das Weinen erscheint dabei jedoch nicht adäquat, da Johanna mittels ihrer Reaktion und ihrer Blickausrichtung ihren Wunsch sehr deutlich zu äußern scheint.

Es gelingt Johanna, das Spielobjekt „Kette" erneut zu erreichen und sie hört damit auch auf zu weinen, aber die Mutter wendet sich erneut ab und nimmt ihr damit wieder die Möglichkeit, die Kette weiter zu erkunden, mit ihr zu spielen. Johanna weint, ihre Mutter versucht, sie durch ein Knurren zu beruhigen und scheint auch hier wieder keine angemessene Reaktion zu zeigen. Auch schafft sie erneut eine größere Distanz zu ihrem Kind und Johanna weint stärker.

Schließlich gelingt es der Mutter, ihr Kind mit der Rassel abzulenken, mit der Johanna auch zu Beginn der Situation spielte. Kaum gelangt aber ihre Kette wieder in das Blickfeld ihrer Tochter, ergreift Johanna diese und möchte weiter damit spielen. Die Mutter erkennt dieses Signal erneut nicht und interpretiert Johannas Verhalten als Langeweile.

Während der gesamten Interaktion wirkt die Mutter eher hektisch und unkonzentriert – möglicherweise nimmt hier die Situation des Gefilmtwerdens Einfluss – es gelingt ihr nicht, die volle Aufmerksamkeit darauf zu richten, mit Johanna eine Kommunikation aufzubauen und ihre deutlichen Signale zu erkennen.

Es lässt sich durchgängig ein ständiger Wechsel zwischen Ab- und Zuwendung vom bzw. zum Kind beobachten. Auf die Aktivitäten und die lautlichen Äußerungen ihrer Tochter geht die Mutter wenig ein.

Ebenso wie Ab- und Zuwendung sind ihre Verhaltensweisen dem Spiel ihres Kindes gegenüber nicht kontinuierlich und somit für Johanna nicht durchschaubar: Einmal akzeptiert sie das Spiel ihres Kindes mit der Kette und lobt es sogar dafür, dann entzieht sie dem Kind das Spielzeug und erkennt mehrmals nicht den Fokus seines Interesses.

Ihre Versuche, Kontakt aufzunehmen, wirken flüchtig und dem Verhalten des Kindes nicht angemessen. Ihre Sprache ist sehr leise und obwohl das, was sie sagt, inhaltlich auf ihre Tochter bezogen ist, wirkt es eher wie ein Selbstgespräch. Ein eindeutiges Turn-taking ist nicht zu beobachten.

Johanna ist von sich aus sehr aktiv, sucht sich selbst Spielmöglichkeiten und beschäftigt sich ausdauernd damit, wobei ihre Aktivitäten ein echtes Erkundungsverhalten zeigen und nicht als stereotype Handlungen gedeutet werden dürfen.

Sie kann bewegten Objekten mit den Augen folgen und danach greifen, bewegt die Gegenstände und betrachtet sie dabei, erkundet ihr Spielzeug oral. Johanna stellt Blickkontakt her und scheint die Kommunikation mit ihrer Mutter zu suchen, durch Blickausrichtung scheint sie in der Lage zu sein, zu zeigen, was sie interessiert. Sie lautiert, sie weint und zeigt damit ihre Unzufriedenheit. Johanna wirkt wach, lebhaft und bereit zur Kommunikation und zum Spiel, sie zeigt deutlich ihre Vorlieben im Bezug auf ihren Spielgegenstand.

Insgesamt wirkt die Situation wie eine Unterhaltung, in der die Gesprächspartner beständig aneinander vorbei reden, als suche einer der Partner immer wieder den Kontakt, wobei sein Gegenüber jedoch ausweicht und beständig versucht, ein anderes, nicht angemessenes Thema in die Unterhaltung einzubringen. Kommunikation, etwas Gemeinsames, kommt im Grunde nicht auf, es entsteht kein wirklicher Dialog in dieser Situation.

7.4.2 Jörg

Jörg, ein etwa 7-jähriger Junge und seine Mutter liegen auf einem Bett. Jörg`s Oberkörper ist durch zwei Kissen etwas höher gelagert. Jörg liegt auf dem Rücken, seine Mutter in Bauchlage über ihm. Sie stützt sich mit den Ellbogen ab, ihre Hände liegen unter Jörgs Schultern. Durch diese Lage haben Jörg und seine Mutter engen Körperkontakt. Der Abstand der Gesichter zueinander ist sehr gering. Er beträgt etwa zwischen 5 und 15 cm.

Die Mutter schaut Jörg an und beginnt: „Jetzt erzählen wir das kleine Geschichtchen."	Initiierung Kommunikation
Jörg blickt dabei nach rechts oben, sein Mund ist leicht geöffnet. Er wirkt, als höre er aufmerksam zu.	
„Ja! Sollen wir das erzählen?" Sie schaut ihn an und wartet auf eine Antwort. Jörg zögert, bewegt die Augen, lautiert „hn".	Abwarten einer Reaktion Turn-taking, Jörg erlebt sein Mitgestalten der Situation
Die Mutter beginnt zu erzählen, wobei sie sehr betont spricht, ähnlich wie eine Märchenerzählerin: „Es war einmal ein Jörgmännchen. Ein wunderschönes kleines Jörgmännchen. Und der hatte ganz schrecklich großen Hunger. Und da hat die Mama gesagt: Jörg, willst Du essen?"	Besondere Betonung (Element Baby-Talk) Verbalisieren mit einfachen Worten
Während sie erzählt, versucht Jörg ihr über die Stirn in die Haare zu fassen. Er drückt seine rechte Hand fest an die Stirn und fährt runter durch ihr Gesicht. Dabei schaut er sie aufmerksam an. Zwischendurch zieht er ihren Kopf zu sich herunter, so dass sich die Gesichter kurz berühren. Als die Mutter fragt, hält er in seiner Bewegung inne, hat seine Hand nur noch leicht an ihrer Wange liegen.	Jörg zeigt waches Aktivitätsniveau, Bereitschaft zur Kommunikation, er teilt sich über taktile und somatische Kommunikation mit
Die Mutter schaut ihn an und wartet auf eine Reaktion. Auf ihre Frage hin wendet er die Augen von ihr ab, schaut wieder nach rechts oben, lächelt und gibt wieder einen kurzen Laut („hn") von sich.	Abwarten der Reaktion, Turn-taking, Aufbau eines Dialogs Jörg reagiert und erfährt Signalwirkung seines Verhaltens

Nach der Reaktion von Jörg wiederholt die Mutter ihre Frage: „Willst du essen?“	Wiederholung der Frage, (Element Baby-Talk)
Bei der Wiederholung der Frage wirft er ihr bei „essen“ einen kurzen Blick zu und lautiert „hn“.	Reaktion (Dialog, Signalwirkung)
Die Mutter zögert kurz, fragt dann: „Willst du einen Keks haben?“ Keks betont sie besonders.	Wiederholung der Frage, leicht modifiziert, Herausheben eines Schlüsselbegriffs (Element Baby-Talk)
Während der Frage spannt Jörg seinen Körper etwas an und kommt ihr mit dem Oberkörper leicht entgegen. Er lächelt etwas und blickt mit den Augen nach oben. Auf die Frage „antwortet“ er sofort mit einem Laut („hn“).	Jörg antwortet und hält Kommunikation aufrecht; Somatische Kommunikation Lautieren Lächeln als Signal
Die Mutter zögert nur ca. 1 Sek. und fragt dann: „Du willst einen Keks haben?“, wobei sie das Wort „Keks“ wieder besonders betont.	Wiederholung, Betonung des Schlüsselworts (Element Baby-Talk)
Während der Frage lautiert Jörg etwas und hebt dann Oberkörper und Kopf so, dass er mit seinem Gesicht das Gesicht der Mutter berührt. Er öffnet den Mund und scheint sie auf ihr Kinn zu küssen.	Antwort, Aufrechterhaltung der Kommunikation, Somatische Kommunikation, Lautieren
Die Mutter wartet kurz, bis er sich wieder zurücksinken lässt und spricht dann: „Einen Keks essen?“	Wiederholung, variiert mit gleich bleibendem, bekanntem Subjekt und Prädikat, einfache Wortwahl (Element Baby-Talk)
Jörg hebt wieder seinen Kopf und Oberkörper und versucht, das Kinn der Mutter zu küssen, wobei er etwas heftiger lautiert. Seine Augen blicken nach hinten, er lächelt und wirkt sehr erregt. Während er sein Gesicht noch an ihrem hat,	Jörg antwortet, seine Aktivität und sein Ausdruck steigen
spricht sie: „Ja? Soll ich Dir einen Keks geben?“ Dabei holt sie mit der linken Hand einen Keks aus der Packung. Die Kekspackung raschelt etwas. Die Mutter spricht: „Horch mal, kruschpl, kruschpl.“	Erneute, variierte Wiederholung der Mutter (Element Baby-Talk). Verbalisieren des zu Hörenden (Feedback über Geräusch, bedeutungsstiftend)

Scheinbar auf ihre Aufforderung hin orientiert sich Jörg nach links und schaut zur Hand der Mutter, die gerade einen Keks aus der Packung zieht.	Reaktion, Blickausrichtung: Jörg ist ganz bei der Sache!
Sie nimmt den Keks in die rechte Hand, hält ihn hoch und zögert kurz. Als sie sicher ist, dass seine Aufmerksamkeit dem Keks gilt, sagt sie: „Das ist der Keks!“ , wobei sie ihn langsam zu Jörgs Mund bewegt.	Mutter setzt ihren Handlungsablauf langsam fort, verbalisiert das zu Sehende wiederholend (bedeutungsstiftend) und einfach (Element Baby-Talk); passt sich an verzögerte Wahrnehmung an.
Jörg folgt der Bewegung der Mutter, die den Keks von der linken in die rechte Hand gibt, sofort und schaut dann erwartungsvoll mit geöffnetem Mund auf den Keks. Auf ihre Aussage „Das ist der Keks“ antwortet er wieder mit einem Laut („hn“).	Reaktion, Blickausrichtung Mimische Mitteilung Lautieren als Antwort
Die Mutter lässt ihn ein Stück abbeißen und spricht dazu: „Hm, ist das ein guter Keks?“ Dabei schaut sie ihm aufmerksam ins Gesicht.	Auflösen des aufgebauten Spannungsbogens, Mutter bleibt mit ihrer vollen Aufmerksamkeit bei Jörg, achtet auf Reaktionen. Wiederholung des Themas: Keks!
Jörg kaut, schaut der Mutter ins Gesicht. Nachdem sie gesprochen hat, wendet er den Kopf etwas nach rechts, lacht und lautiert, was wie Zustimmung klingt.	Kommunikation wird durch Blickkontakt von beiden aufrecht erhalten, Lautieren und Lachen als Antwort
Die Mutter schaut ihn an: „Ist der gut? Welch ein guter Keks.“ Dabei bringt sie seinen Kopf wieder in Mittelstellung.	Wiederholung des Themas (variiert)
Jörg schaut zum Keks.	Jörg teilt seinen Wunsch mit (visuelle Kommunikation)
Die Mutter fragt: „Willst Du noch mal Keks?“, wobei die Frage in normalem Tonfall und nicht übertrieben betont wird.	Mutter reagiert, verbalisiert seinen Wunsch mit einfachen Worten
Jörg lacht, greift mit der linken Hand an ihren Hals und lautiert: „m, m“	Jörg antwortet mittels Lautieren und somatischer Kommunikation, Mimik, Lachen

Die Mutter schiebt ihm vorsichtig den Keks in den Mund.	Mutter geht auf seinen Wunsch ein
Er beißt ab, bringt dann sofort den Kopf in die Mitte, so dass er der Mutter ins Gesicht blicken kann.	Jörg hält die Kommunikation aufrecht

Jörg – eine Auswertung

Die Ausgangslage von Jörg und seiner Mutter wirkt auf den ersten Blick etwas befremdend. Selbst für eine Situation wie die Interaktion von Mutter und Kind, in der Nähe und Körperkontakt üblich sind, erscheint diese räumliche Nähe der Mutter zu ihrem Kind zunächst einengend und erdrückend. Jedoch scheint diese Nähe aufgrund von Jörgs eingeschränktem Sehvermögen notwendig zu sein (hierauf wies die Mutter im Kontext der Beobachtung hin).

Des weiteren zeigt der Ablauf der Situation, dass diese Position für beide Kommunikationspartner günstig zu sein scheint: Jörg hat die Möglichkeit, mit Händen und Mund seine Mutter zu berühren. Diese Berührungen scheinen für ihn ein Mittel der Kommunikation darzustellen. Das Küssen ihres Gesichtes wirkt wie das Beantworten der Fragen, ob er einen Keks haben möchte und das gleichzeitige Bitten um diesen Keks. Diese Mitteilungen durch Berührungen wären durch einen größeren Abstand für Jörg schwieriger.

Für die Mutter hat diese Position den Vorteil, dass sie Jörgs Körperbewegungen und seine Körperspannung spürt, eventuell blockt sie so auch pathologische Bewegungsmuster ab, die ihn vielleicht in ungünstigere Lagen bringen würden. Sie hat so auch die Möglichkeit, seine Körperhaltung unauffällig zu korrigieren, ohne dass es den Kommunikationsablauf unterbricht.

Die Mutter findet also für die Kommunikation mit ihrem Sohn eine kreative und offene Lösung im Bezug auf die Positionierung (vgl. Kap. 8.5; 8.7).

Die Initiative für die Kommunikation geht von der Mutter aus, sie bestimmt das Thema. Dies muss nicht als schlecht bewertet werden, weil sie zum einen ein Thema wählt, dass Jörg offensichtlich auch interessiert, er nimmt aktiv am Geschehen teil, zum anderen ist es aufgrund des eher eingeschränkten Aktionsradius von Kindern in einer vergleichsweise frühen Entwicklungsphase häufiger so, dass die Bezugsperson ein Angebot macht und dann schauen muss, ob und wie das Kind darauf reagiert.

Da Jörg aber offensichtlich auch mittels seiner Blickausrichtung sein Interesse bekunden kann, sollte ihm häufiger auch die Möglichkeit zur freien

Wahl seines Interessensobjektes gegeben werden. Man könnte ihm zwei bis drei Dinge in für ihn gut sichtbare Nähe bringen, um dann zu schauen, was er sich davon als Spielobjekt auswählt.

So ist der Ablauf der Kommunikation stark von der Mutter bestimmt und auch relativ straff geführt. Jörg erlebt sich dadurch nicht als Initiator der Situation, aber als aktiver Kommunikationspartner.

Die Mutter baut um das Thema „einen Keks essen" einen Spannungsbogen auf, Jörg wird dabei sehr aktiv. Zu einem scheinbar günstigen Zeitpunkt löst sie die Spannung wieder, um sie später, bei den nächsten Keksbissen, wieder auf- und abzubauen.

Sie bedient sich dabei einer besonderen Kommunikationstechnik. Es fällt auf, dass sie keine direkten Aufforderungen an Jörgs Verhalten stellt, wie z.B. „Schau mich mal an" oder „Lach mal". Sie ruft ihn auch nicht („Hallo Jörg!"), um seine Aufmerksamkeit zu erlangen, sondern versucht dies durch die Gestaltung der Situation zu tun, was ihr auch gelingt. Sie fordert ihren Sohn also dabei nicht direktiv zu diversen Verhaltensweisen auf, statt dessen gibt sie ihm im Geschehen die Möglichkeit, auf ihre Angebote zu reagieren und sich auf verschiedene Weisen zu äußern.

Die Mutter entlockt ihm Reaktionen und mit steigender Spannung scheint auch Jörgs Aktivität und die Menge seiner Ausdrucksmöglichkeiten zu wachsen. Die Verhaltensweisen ihres Sohnes interpretiert die Mutter als Antworten und lässt ihnen damit kommunikative Bedeutung zukommen. Jörg kann dadurch die Erfahrung machen, verstanden zu werden und seine Umgebung in gewisser Weise beeinflussen zu können.

Dieses Agieren und Reagieren, das Hervorrufen von kommunikativen Verhaltensweisen und die dann wieder dem entsprechende Reaktion geschieht in einem regelmäßigen Wechsel (Turn-taking) – ein echter Dialog findet statt, wenn dessen Struktur auch stark von der Mutter vorgegeben wird.

Während der gesamten Situation ist die Mutter ganz auf Jörg konzentriert, versucht, die Kommunikation aufrecht zu erhalten, was von Jörg durch seine visuelle Ausrichtung auch erwidert wird.

Die Interaktion enthält viele Elemente des sogenannten „Baby-Talk". Die Mutter spricht langsamer, sie verwendet einfache Satzstrukturen und wiederholt ihre Aussagen leicht variiert, sie lässt Jörg genügend Zeit, um sich zu äußern und betont ihre Aussagen in besonderem Maße. Auch ihre Mimik setzt sie zuweilen mit ein, ein Lächeln ist jedoch selten zu erkennen.

Jörgs Reaktionen verbalisiert sie häufig, gibt ihm also ein Feedback über seine Äußerungen und misst diesen auch somit besondere Bedeutung zu.

Auch andere Geschehnisse und Geräusche kommentiert sie bedeutungsstiftend.

Insgesamt erscheint die Situation in einer gewissen Ambivalenz: Zwar dominiert die Mutter stark die Kommunikation und gibt die Struktur dafür vor, andererseits muss aber hervorgehoben werden, dass es ihr gelingt, Jörg mit sehr vielen guten Ansätzen zu fesseln und an der Kommunikation ganz aktiv teilhaben zu lassen.

7.4.3 Steffen (Auszüge)

Steffen, ein etwas größerer Junge und seine Mutter sitzen nebeneinander auf einem Sofa. Der Vater filmt, Steffen sitzt frontal zur Kamera. Seine Mutter sitzt rechts neben ihm und wendet sich ihm mit Oberkörper und Gesicht stark zu. Steffens Beine hat sie über ihre eigenen Beine gelegt. Die be-obachtete Situation ist in Auszügen wiedergegeben.

Steffen sitzt in der beschriebenen Position, sein Kopf hängt nach hinten.	
Die Mutter macht „Schmatzgeräusche“.	Mutter macht ein erstes Angebot
Steffen gibt einen Laut von sich „ää“.	Steffen reagiert
Die Mutter reagiert sofort: „Ja?“	Mutter „antwortet“.
Man hört die ärgerliche Stimme des Vaters: „Steffen, tu den Kopf hoch!“	Aufforderung zum Kopf anheben
Die Mutter gleich darauf etwas freundlicher: „Steffen, tu den Kopf hoch, komm, da kann der Papa gar nicht deine Augen sehen.“	Aufforderung zum Kopf anheben
Steffen dreht den hängenden Kopf etwas nach links, dreht das Gesicht etwas hoch, schaut in Richtung Mutter, lässt den Kopf aber gleich darauf wieder etwas hängen.	Steffen reagiert, schaut zur Mutter, was ihm sichtlich schwer fällt
Die Mutter ruft ihn: „Steffen, hallo!“	Indirekte Aufforderung zum Kopf anheben
Steffen hebt den Kopf für etwa drei Sekunden, schaut gerade, der Mund ist dabei geöffnet.	Steffen reagiert angestrengt
Währenddessen spricht die Mutter: „Toll, ein großes Kind!“ Während sie noch spricht,	Mutter lobt seine Reaktion
bewegt Steffen den Kopf nach rechts und schaut für etwa 1 Sekunde in Richtung der Mutter. Dann sinkt sein Kopf wieder nach vorn.	Steffen reagiert angestrengt
Die Mutter beobachtet ihn mit gleichbleibender Mimik. Dann fordert sie ihn nachdrücklich auf: „Ja, und gleich wieder hoch deinen Kopf, tu ihn schnell wieder hoch den Kopf.“	Aufforderung zum Kopf anheben, Beobachterrolle, keine sichtbaren mimischen Veränderungen

Steffen beginnt, seinen Kopf zu heben. Es scheint ihn sehr anzustrengen, er bewegt seinen linken Arm stark mit und öffnet außerdem den Mund.	Steffen reagiert angestrengt
Die Mutter kommentiert: „Ja, gut, boah!"	Mutter lobt seine Reaktion
Steffen gibt einen Laut der Anstrengung von sich, hebt den Kopf dann hoch und schaut etwas umher, als wolle er sich orientieren.	Steffen reagiert angestrengt, sieht sich um
Die Mutter gibt ihm zunächst etwas Zeit (ca. 5 Sekunden), als er in ihre Richtung schaut und sich die Blicke sehr kurz treffen, reagiert sie sofort: „Wo ist die Mama?"	Ansätze zum Turn-taking, Abwarten auf eine Aktion Steffens Mutter greift Blickkontakt auf und versucht, Handlung fortzuführen
Steffen hält den Blickkontakt nicht aufrecht und senkt sofort wieder den Kopf.	
Die Mutter fordert ihn daraufhin gleich wieder auf: „Hoch und gucken!"	Aufforderung zum Kopf anheben
Steffen hebt den Kopf gleich so hoch, dass er sofort in das Gesicht der Mutter blickt.	Steffen reagiert
Die Mutter hebt ebenfalls fast gleichzeitig ihren Kopf, um besser in sein Blickfeld zu gelangen.	Mutter sucht Blickkontakt
Steffen schaut die Mutter für etwa 2 Sekunden mit weit geöffnetem Mund an.	Steffen erwidert Blickkontakt
Bei Blickkontakt spricht die Mutter: „Da ist die Mama." Dann macht sie mit dem Kopf eine Bewegung auf Steffen zu, lächelt und wiederholt: „Da isse!"	Mutter verbalisiert Geschehen Element des Baby-Talk Wiederholung
Steffen senkt den Kopf etwas und lächelt, der Blickkontakt ist nun wieder beendet. (...) Er schließt die Augen.	Steffen reagiert
Die Mutter sagt noch einmal nachdrücklich: „Steffen, wo ist die Mama?"	Mutter wiederholt spielerisches Kommunikationselement
Steffen öffnet die Augen, blickt kurz nach rechts, schließt dann die Augen wieder und	Steffen reagiert durch Körperhaltung und Lautieren auf

beginnt, mit geschlossenen Augen den Kopf zu wenden. Als er den Kopf etwa in die Mitte gedreht hat, lautiert er etwas und öffnet für etwa 7 Sekunden die Augen.	die vorangegangene Form der Ansprache
Die Mutter wartet, bis er den Kopf etwas in ihre Richtung gedreht hat. Seine Äußerung und die Blickwendung interpretiert sie, als hätte er „da“ gesagt, indem sie antwortet: „Ja, da isse!“	Mutter gibt Steffen Zeit zum Reagieren (Ansätze Turn-taking) interpretiert und verbalisiert Steffens Reaktion mit einfachen, wiederholten Worten (Element Baby-Talk).
Steffens Kopf sinkt nun schräg auf die linke Schulter. Er lacht, bewegt kurz den Kopf nach oben und lautiert. Vom Lautbild her klingt es ähnlich wie „guckguck“. Daraufhin schaut er kurz zur Mutter. Steffen lautiert der Mama zugewandt, scheint zu erzählen.	Steffen gibt ein kommunikatives Signal, wendet sich der Mutter zu, scheint bekanntes „Guckguck“- Spiel fortführen zu wollen.
Die Mutter ist sehr aufmerksam. Sie nähert sich seinem Gesicht und sucht Blickkontakt. Sie antwortet ihm: „Ja, soviel weiß das Kind.“ Man hört jemand auf der Treppe.	Mutter bringt sich in Steffens Blickfeld und antwortet auf sein Lautieren.
Steffen wendet sich von der Mutter ab, dreht den Kopf nach links und lauscht sehr aufmerksam.	Steffen reagiert auf sein Umfeld, zeigt Interesse.
Die Mutter flüstert: „Was ist das? Was ist jetzt los? Was ist? Kommt da jemand die Treppe runter?“ (...)	Mutter versteht sein Signal und verbalisiert sein Lauschen.
Steffen orientiert sich deutlich auf die Geräusche, die aus dem Haus kommen. Er horcht, dreht den Kopf und schaut sehr gespannt.	Steffen agiert, zeigt deutlich sein Interesse an den Geräuschen.
Der Vater ruft daraufhin die Schwester aus dem Treppenhaus herbei. Als diese die Tür öffnet, schaut Steffen sofort auf.	Vater reagiert auf sein Signal und ruft (als Antwort?) die Schwester hinein.
Die Schwester spricht laut zu Steffen: Steffen, wo bin ich?	Auch die Schwester fordert Steffen indirekt zum Blickkontakt auf.
Steffen reagiert sofort, er hebt den Kopf, schaut in Richtung der Schwester und lacht. (...)	Steffen reagiert auf seine Schwester, zeigt seine Freude an ihrem Erscheinen.

Er schmatzt etwas, bewegt den Kopf und lautiert dabei.	Steffen agiert
Auf sein Schmatzen hin fragt die Mutter: „Bist Du hungrig?“ Dann imitiert sie seine „Schmatzgeräusche“ und seine Anstrengungslaute.	Mutter reagiert auf Steffens Geräusche, leitet daraus eine Frage nach seinen möglichen Bedürfnissen ab, imitiert/spiegelt ihm seine Laute wieder.
Steffen lautiert etwas und schaut plötzlich zur Mutter hoch.	Steffen wiederum reagiert, ein kurzer Dialog scheint zu entstehen, woraufhin er den Blickkontakt mit der Mutter selbstständig sucht.
Die Mutter schaut ihn an und fragt: „Ja, was denn, was denn?“	
Steffen schaut sie kurz an, lässt dann den Kopf wieder sinken.	Kurze Fortsetzung des Turn-takings
Er sitzt mit herabhängenden Kopf da.	
Die Mutter schaut ihn aufmerksam an: „Aber da ist doch gar nichts.“ Der Vater schaltet sich mit ungeduldiger Stimme ein: „Steffen, tu den Kopf hoch, Kopf hoch, komm!“	Mutter reagiert auf seine Blickrichtung, sucht aber nicht einen möglicherweise interessanten Gegenstand in seinem Blickfeld. Eltern gehen wieder dazu über, Blickkontakt zu fordern.
Steffen dreht das Gesicht kurz etwas hoch, lässt dann den Kopf wieder „baumeln“.	Steffen reagiert kurz auf Aufforderung.
Der Vater wiederholt ungeduldig: „Richtig hoch!“ Die Mutter sagt schnell und mit hoher Stimme: „Tu den Kopf hoch!“	Ungeduldige Aufforderung
Da Steffen nicht reagiert, fordert der Vater die Mutter auf, ihm den Kopf zurück zu drücken, was sie dann auch tut.	Mutter verändert unvermittelt und nicht angekündigt Steffens Haltung

Steffen scheint zu erschrecken. Er zuckt etwas zusammen, öffnet weit den Mund, faustet die Hände und zeigt eine Mitbewegung der Arme.

Steffen zeigt assoziierte Reaktionen auf die Handlung der Mutter.

Die Interaktion setzt sich in etwa dieser Weise noch weiter fort. Immer wieder wird der Junge aufgefordert, den Kopf anzuheben oder die Mutter anzuschauen.

Steffen – eine Auswertung

Die Darstellung der beobachteten Situation erfolgte lediglich in Auszügen, da die Interaktion in relativ gleich bleibenden Mustern ablief. Die Auswertung geht dennoch teilweise auf die Gesamtdauer der Beobachtung ein.

In der Interaktion zwischen Steffen und seiner Mutter fällt zuerst auf, dass die Ausgangsposition äußerst ungünstig zu sein scheint, da Steffen, um in dieser Position zu kommunizieren, nicht über eine ausreichende Kopfkontrolle verfügt. Um die Mutter anzusehen, muss er den Kopf anheben und etwas seitlich nach rechts drehen.

Steffen ist ein Kind mit niedrigem Muskeltonus und nicht dauerhaft verfügbarer Kopfkontrolle. Er wirkt in der Beobachtungssituation sehr schlaff, sitzt relativ zusammengesunken und meist mit hängendem Kopf da. Das „Hauptthema" der vorliegenden Beobachtung von Steffen und seiner Mutter besteht darin, Steffen dazu zu bringen, den Kopf zu heben und möglichst die Mutter anzuschauen:

Insgesamt wurden 4,2 Minuten aufgezeichnet und analysiert, von denen etwa drei Minuten mit direkten oder indirekten Aufforderungen („guck-guck"- Rufe o.ä.) den Kopf zu heben und Steffens Versuchen, dies zu tun, ausgefüllt sind. Während dieser gesamten Zeit konnte nur für die Dauer von insgesamt ca. 5 Sekunden tatsächlich Blickkontakt beobachtet werden. An einigen anderen Stellen lässt sich ein Blickwechsel von Sekundenbruchteilen erahnen.

Die gesamte Situation wirkt sehr zäh. Dieser Eindruck entsteht vor allem dadurch, dass die Bewegungen von Steffen meist verhältnismäßig langsam ablaufen. Fast jedes Mal, wenn er einen erneuten Versuch startet, den Kopf zu heben, wirkt er, als wäre er gerade aus tiefem Schlaf gerissen worden und müsste sich in einer neuen Umgebung orientieren. Dieser Eindruck wird auch durch rasche Augenbewegungen und weites Öffnen von Augen und Mund verstärkt . Außerdem scheint ihn das Heben des Kopfes und das Orientieren sehr anzustrengen. Es ist verbunden mit Lauten, die wie ein leichtes Stöhnen klingen, sowie mit Armbewegungen. Lässt Steffen den Kopf dann wieder sinken, schließt er scheinbar die Augen.

Weiterhin wirkt die Situation durch die andauernden, teils ungeduldigen Aufforderungen zum Anheben des Kopfes wie ein funktionelles Training in angespannter Atmosphäre.

Während der gesamten Sequenz zeigt die Mutter ein relativ geringes Repertoire an Gesichtsausdrücken. Sie schaut Steffen meist in einer Beobachtungsposition an. Selten lächelt sie und bei Blickkontakt „begrüßt" sie ihn nicht. Die „Begrüßung" (ausladende Nickbewegung, Lächeln) unterlässt sie wahrscheinlich intuitiv. Dadurch erlebt Steffen in Ansätzen das Gesicht der Mutter als konstante visuelle Erscheinung, da es sich nicht verändert und auch an derselben Position verharrt.

Die Sprache der Mutter weist zwar etwas mehr Varianten auf als die Mimik, ist aber auch relativ gleichbleibend. Meist spricht sie eher sanft und leise mit Steffen. Manchmal erhöht sie ihr Sprechtempo etwas, wobei sie oft gleichzeitig die Stimme hebt, oder sie spricht mit tiefer Stimme zu ihm. Zwischendurch wird sie auch einmal ungeduldiger und damit etwas energischer, doch meist sind ihre stimmlichen Variationen relativ eingeschränkt. Die Sätze sind sehr einfach, oft unvollständig und bestehen v.a. aus Aufforderungen oder Fragen, wenn sie Steffen direkt anspricht. Ihre Äußerungen wiederholt die Mutter meist noch einmal.

Die Äußerungen von Steffen greift sie auf, indem sie imitiert, kommentiert oder antwortet. Dies tut sie auch mit seinen Aktivitäten. Sie versucht, Handlungen aufzubauen oder fortzuführen („Wo ist die Mama?") Dies gelingt ihr in einzelnen Ansätzen, an denen angeknüpft werden könnte.

Nur an ganz wenigen Stellen hat man den Eindruck, dass Steffen etwas in die Kommunikation mit einbringt. Er reagiert auf ein „guckguck" der Mutter jedes Mal mit kurzem Aufschauen und Lächeln. An einer Stelle hat man sogar den Eindruck, er wiederhole das Wort. Lautiert Steffen, so scheint es, als wende er sich tatsächlich der Mutter zu und wolle ihr etwas mitteilen. Dieser Eindruck wird dadurch verstärkt, dass er ab und zu die Augen aufschlägt und kurz in ihre Richtung blickt.

Bemerkenswert sind seine Reaktionen auf die Geräusche, die aus dem Haus kommen und auf seine Schwester. Ohne vorher direkt aufgefordert zu werden, hebt er den Kopf und wirkt sehr aufmerksam. Auf die Schwester reagiert er sofort mit Aufschauen und Lächeln. In der Zeit mit ihr lächelt er und reagiert etwas schneller.

Bei der Interaktion mit der Mutter kommt, obwohl sich beide Partner bemühen, eine Kommunikation kaum in Gang. Den Aufforderungen, den

Kopf zu heben, kommt Steffen zwar meist nach, doch scheint er für spielerische Momente der Interaktion eher empfänglich zu sein (reagiert jedes Mal auf „guckguck", Reaktion auf die Schwester). Durch die für ihn ungüns-tig erscheinende Ausgangslage (Sitzposition) muss Steffen viel Energie und Konzentration auf Heben des Kopfes und Orientierung verwenden. Damit ist er so beschäftigt, dass er die Angebote der Mutter meist nicht wahrnehmen und auch sein eigenes Repertoire an Verhaltensweisen nicht vollends entfalten kann.

7.5 Gesamtauswertung

In der ursprünglichen Untersuchung wurden, wie schon erläutert, zehn kommunikative Situationen von Müttern und ihren schwerbehinderten Kindern beobachtet und ausgewertet. Die Einzelergebnisse dieser gesamten Erhebung sollen nun zusammengefasst und auf Gemeinsamkeiten hin untersucht werden.

7.5.1. Ausgangsposition

Die Ausgangslage, das heißt die Position der beiden Gesprächspartner in der Situation, erschien in acht Aufnahmen als günstig. Die Kinder lagen in Rückenlage auf dem Boden oder auf den Beinen der Mutter. Dies schien recht bequem. Die Orientierung auf den Kommunikationspartner war für beide im Prinzip gut möglich. Die Köpfe der Kinder waren gestützt, konnten aber bewegt werden. Es musste von Müttern und Kindern wenig Energie direkt in das Beibehalten der Lage an sich verwendet werden.

Ein Kind saß von der Mutter gehalten auf deren Schoß. Der Kopf des Kindes war nicht gestützt, war meist in Überstreckung in den Nacken gelegt und sank oft nach vorn. Die Situation und die Ausgangslage musste immer nieder neu hergestellt werden, wodurch es zu Unruhe und zu Unterbrechungen kam.

Ein weiteres Kind mit hypotoner Muskelspannung und für die Anforderungen in der beobachteten Situation nicht ausreichender Kopfkontrolle saß auf einem Sofa und verwendete seine ganze Energie auf das Heben des Kopfes und Neuorientierung auf die Kommunikationspartner, was den gesamten Ablauf beherrschte.

7.5.2 Sprachliches Verhalten der erwachsenen Person

Mindestens drei Elemente des „Baby-talk" wurden von allen Betreuungspersonen verwendet: Höhere Frequenz der Stimmlage, einfache Sprache viele Wiederholungen. Hierbei zeigten sechs Erwachsene auch eine recht deutliche Mimik. Sie lächelten bei Blickkontakt, wirkten aufmerksam und begrüßten die Kinder durch hochgezogene Augenbrauen und Lächeln. Vier Mütter zeigten ein eher reduziertes mimisches Verhalten. Sie lächelten seltener, „begrüßten" die Kinder nicht und beobachteten die Kinder mehr. In einer Aufnahme erwies sich diese fehlende Begrüßung als durchaus sinnvoll, da auf diese Weise das Gesicht der Mutter offenbar eine konstante Erscheinung für das Kind blieb. Hier zeigt sich wieder deutlich, dass es keine allgemein gültigen „Rezepte" für die Kommunikation gibt, sondern lediglich Anhaltspunkte, an denen sich orientiert werden kann, und dass es immer wieder auch auf das Einschätzen einer sehr vertrauten Bezugsperson ankommt, die eigene Lösungswege findet.

7.5.3 Aktivitätsniveau

Fünf Kinder wirkten recht lebhaft. Ein Junge lachte viel, bewegte sich lebhaft und ging freudig auf das von der Mutter initiierte und straff geführte Spiel ein. Ein Mädchen hielt durch ihre Eigenaktivität das Spiel mit der Mutter aufrecht und war aktiv daran beteiligt. Auch sie bewegte sich viel und lachte öfters.

Drei Mädchen zeigten Eigenaktivitäten, indem sie sich in der Lage zeigten, sich selbstständig mit einem Gegenstand beschäftigen zu können und sich auch alleine Aktivitätsmöglichkeiten suchten. Die anderen Kinder zeigten weniger Aktivität.

Von den eher passiv wirkenden Kindern hatten zwei sehr aktive Mütter.

Eines der aktiven Kinder hatte eine eher passive Mutter, die in dieser Situation Schwierigkeiten hatte, auf die Aktivitäten ihres Kindes einzugehen.

Im Allgemeinen allerdings schien sich die Dynamik der Situation aus dem Aktivitätsniveau des Kindes zu ergeben: War ein Kind lebhaft und von sich aus aktiv, so bekam die Situation mehr Dynamik. Erschien das Kind als eher passiv und reagierte nur langsam und nicht offensichtlich auf die Angebote der Mutter, so lies auch deren Aktivität deutlich nach, was sich wiederum auf die jeweilige Situation auswirkte.

So kam es oft zu einer Aktivität der Mutter und einem anschließenden Herausnehmen ihrer selbst aus der Situation oder zu durchlaufenden Aktivitätsphasen der Mutter ohne Abwarten einer Reaktion, manchmal auch zu durchgehender Passivität und Ratlosigkeit auf Seiten der Mutter. Die Kommunikation mit den eher antriebsarm wirkenden Kindern wirkte daher entweder sehr zäh oder extrem unausgewogen.

7.5.4 Das kommunikative Repertoire der beobachteten Kinder

Bei einem Kind waren in unseren Aufzeichnungen leider keine kommunikativen Verhaltensweisen erkennbar. Es zeigte hin und wieder reflexartige Reaktionen, vor allem auf Berührungen. In solchen Situationen wird es möglicherweise notwendig, noch sehr viel genauere Aufzeichnungen, möglicherweise unter Verwendung der Analyse biologischer Mikrosignale (z. B.: Messung von Atemrhythmus, Herzfrequenz, Schweißabsonderung o. ä.) durchzuführen.

Bei allen anderen Kindern konnten im Verlauf die folgenden kommunikativen Verhaltensweisen beobachtet werden:

a) Lächeln

Sieben der zehn Kinder lächelten während der Beobachtungszeit. Bei den drei Kindern, die nicht lächelten, zeigten auch die Betreuungspersonen eine äußerst reduzierte Mimik. Das Lächeln der Kinder schien für die Interaktionspartner eine wichtige Bedeutung zu haben. Zum einen war es, wie wir es aus der Kommunikation und Interaktion mit Kindern im Allgemeinen kennen, oft das Ziel mütterlicher Bemühungen („lach' doch mal mit mir"), zum anderen wirkte es oft wie eine Belohnung für die Betreuungsperson. Diese lächelte auch meist, wirkte befriedigt, wodurch die ganze Situation oft entkrampft und gelöst wirkte. Auf das Lächeln der Kinder hin wurden Zuwendung, Aufmerksamkeit und Bemühungen durch die Mütter meist verstärkt.

b) Lachen

Vier Kinder lachten im Verlauf der Kommunikationssituation stimmhaft. Dies waren ausnahmslos Kinder, die auch lächelten. Drei der Kinder zeigten auch während der gesamten Dauer der Interaktion eine hohe Eigenaktivität. Alle Mütter dieser Kinder waren sehr aktiv und hatten eine lebhafte Mimik.

c) Weinen / Schreien

Ihren Unwillen äußerten drei Kinder durch lautes Schreien oder Weinen. Bei zwei Kindern trat diese Verhaltensweise recht plötzlich auf, war aber durch die Situation erklärbar. In einem Fall wurde das Kind plötzlich auf die Seite gedreht, im anderen hatte es Angst, turnen zu müssen. Diese Erklärung lieferte allerdings die Mutter („wir brauchen nicht zu turnen, du brauchst keine Angst zu haben"), sonst wäre das plötzliche Weinen nicht zu erklären gewesen. Beim dritten Kind ergab sich der Unwillen aus der Situation. Das Kind bekam das begehrte Spielzeug nicht. Während bei den ersten beiden Kindern das Weinen als Schreck- oder

Angstreaktion interpretiert wurde, kann beim dritten Kind angenommen werden, dass hier die Verhaltensweise des Schreiens intuitiv als Instrument der Verhaltenssteuerung der Bezugsperson eingesetzt worden ist.

d) Weitere Zeichen von Unwillen

Im Verlauf der einzelnen Situationen drückten einzelne Kinder Unwillen oder auch Ungeduld durch Mimik, ansatzweise Gestik und Körpersignale aus. Ein Kind drehte ruckartig den Kopf weg, verzog das Gesicht, wobei es lautierte. Ein anderes Kind wendete ebenfalls den Blick ab und verschränkte gleichzeitig die Arme über dem Körper. Ein drittes Kind drückte die Hände der Mutter weg, wobei es ebenfalls lautierte. Diese Verhaltensweisen, jeweils zusammengenommen, waren aus dem Situationszusammenhang heraus eindeutige Signale der Abwehr, beziehungsweise Äußerungen des Unwillens.

e) Lautäußerungen

Bei neun Kindern kam es während der Beobachtungszeit zu Lautäußerungen. Anders als die bisher beschriebenen Verhaltensweisen, die alle aus der Situation heraus erklärbar und ziemlich eindeutig waren, standen die Lautäußerungen meist in keinem erkennbaren Zusammenhang mit dem laufenden kommunikativen Geschehen, was nicht bedeuten muss, dass sie nicht doch in einem Zusammenhang standen, der aber für einen Außenstehenden nicht erkennbar war.

Hier ist eine Ausnahme zu nennen. Einer Mutter gelang es, ihre Fragen so in Impulse für das Kind umzusetzen, dass jedes Mal ein Laut als zuverlässige Antwort auf ihre Fragen produziert wurde. Die produzierten Laute waren meist sehr kurz.

Ein „Redeschwall", wie er bei Interaktionen mit Kleinkindern oft beschrieben wird, konnte in keinem Fall beobachtet werden. Die Laute bestanden aus Vokalen oder Konsonanten (ä, o, ng, hm). Oft waren es auch kehlige oder im Rachen gebildete Laute. Silben oder Silbenreihen (dada, mama o.a.) waren hier nicht zu hören. Die von den Kindern hervorgebrachten Laute wurden nur selten von den Müttern aufgegriffen, noch seltener wiederholt.

f) Blickkontakt

Durch die Ausgangspositionen war bei neun Kindern Blickkontakt im Prinzip gut möglich. Dennoch konnte lang andauernder tiefer Blickkontakt nicht beobachtet werden. Einige Kinder zeigten einen deutlichen Strabismus (Schielen) oder schienen sonstige Probleme mit den Augen, respektive beim Sehen zu haben, so dass die Blickrichtung nicht genau festzustellen war. Sie blickten in Richtung mütterliches Gesicht, ein Beobachter gewann jedoch eher den Eindruck eines „Durchblickens".

Die Kinder hatten allgemein Schwierigkeiten, das mütterliche Gesicht zu fixieren. War Blickkontakt hergestellt, schweiften meist die Augen schnell wieder ab, was meist mit einer Drehung des Kopfes verbunden war, wodurch der Kontakt schnell wieder verloren ging. Vier Kindern gelang es dabei immer wieder selbständig, zur Mutter zu blicken.

Vier andere Kinder wurden von den Müttern verbal und durch Nachfolgebewegungen, Fingerschnippen oder Lageveränderungen dazu motiviert, sie anzuschauen.

Bei einem Kommunikationspaar spielte der Blickkontakt eine scheinbar untergeordnete Rolle. Das Kind wurde während der Beobachtungszeit von der Mutter auf die Seite gedreht, wodurch der Blickkontakt verhindert wurde. Bei einem weiteren Kind konnte zum Blickkontakt keine Aussage gemacht werden.

Die Beobachtungen zeigten, dass den Kindern, bis auf eine Ausnahme, im wesentlichen grundlegende Ausdrucksmöglichkeiten zur Verfügung stehen, um dem Kommunikationspartner im Verlauf der Kommunikation Mitteilungen über die aktuellen und wichtigsten Bedürfnisse und Empfindungen zu machen. Besonders die gezeigten Verhaltensweisen wie Lächeln oder Weinen waren Reaktionen der Kinder, die eindeutige Signale der jeweiligen emotionalen Befindlichkeit im Verlauf der Situationen wiederspiegelten.

Dennoch erschienen fast alle Kommunikationssituationen von Hindernissen begleitet. Bei allen Kindern ging, trotz günstiger Ausgangslage, die Orientierung auf den erwachsenen Kommunikationspartner immer wieder verloren. Mit dem Abwandern des Blickes bzw. Wegdrehen des Kopfes durch das Kind war der Kontakt oft abgebrochen und musste durch die Mutter neu aufgebaut werden. Der Großteil der mütterlichen Energien ging in das Herstellen und den Versuch des Aufrechterhaltens von v.a. Blickkontakt. Hinzu kam, dass bei den meisten Kindern die Mimik reduziert oder verändert erschien. Sie zeigten zwar die beschriebenen Verhaltensweisen wie Lächeln, Schreien o.ä., doch traten diese meist nur kurz aus der Situation heraus auf. Der Blick der Kinder wirkte größtenteils neutral. Der Gesichtsausdruck und Blick des Kindes bot den Betreuungspersonen somit kaum ein verlässliches Zeichen, um daran Aufmerksamkeit, Wachheit oder Orientiertheit abzulesen.

Die Mütter mussten sich um die Aufmerksamkeit der Kinder bemühen, wobei sie sich über scheinbare Anzeichen von Müdigkeit oder Apathie hinwegsetzen mussten, um in Kontakt mit ihren Kindern zu kommen. Meist fehlte der Kommunikationsfluss, da die Situationen schnell wieder abgebrochen wurden. Nur in einem Fall war das Kind selbst sehr aktiv am Verlauf der Interaktion beteiligt, sonst steuerten ausschließlich die Mütter die Situationen, worauf die Kinder mehr oder weniger stark mit einstiegen. Bei den meisten Beobachtungen konnten kurze Abschnitte von gelungener Kommunikation zwischen Mutter und Kind beobachtet werden. Mutter und Kind blickten sich an, lächelten vielleicht, begrüßten sich, die Mutter imitierte den Gesichtsausdruck oder die Laute des Kindes, spielte oder sang usw. Solche gemeinsamen Aktionen waren aber insgesamt selten. Nur in zwei Fällen konnte ein insgesamt zufriedenstellend wirkender Ablauf beobachtet werden, wobei in einem Fall wiederum die Mutter stark steuerte.

Vier Mütter griffen im Verlauf der Interaktion zu einem Spielzeug. Es lies sich beobachten, dass die Kinder im Spiel mit den Gegenständen lebhafter erschienen und mehr Aktivität zeigten. Allerdings stand dann der Gegenstand im Mittelpunkt des Geschehens, auf den die Kinder voll und ganz konzentriert waren. So konnte aber bei diesen Kindern kurzzeitig ein Spiel initiiert und Interesse geweckt werden, wenn auch der Gegenstand und nicht die Mutter der eigentliche Spielpartner war. Ein Spielzeug kann in diesem Fall auch als Einstieg und Mittler in der Kommunikation zwischen Mutter und Kind genutzt werden, wenn die Mutter über diesen Spielgegenstand in die Situation „einsteigt", über die gemeinsame Beschäftigung damit eine Kommunikation aufbaut.

Besonderheiten wie niedriges Aktivitätsniveau, geringere Ausdauer und schwierigere Erkennbarkeit der Reaktion erschwerten die Kommunikation.

Die referentielle Blickausrichtung wurde nur von einzelnen Kindern ansatzweise eingesetzt. Dies erschwerte es den Müttern auch, ihre Aktivitäten mit dem Interesse des Kindes abzustimmen. Sie steuerten die Interaktion stark, ihre Angebote dienten meist mehr dem Herstellen und Aufrechterhalten des Kontaktes, als der Kommunikation selbst.

Wichtig ist bei diesen Analysen zu beachten, dass die Ergebnisse Hinweise auf Zusammenhänge zwischen einzelnen Verhaltensweisen des einen Kommunikationspartners und den Reaktionen des anderen Partners geben können, solche Zusammenhänge aber nicht zwingend als lineare Kausalzusammenhänge angesehen werden können. Hinweise, welche Bedingungen förderlich oder hinderlich sein könnten, finden sich in diesen Auswertungen, jedoch bringt jedes Kind und jede Mutter auch eigene, besonderen Fähigkeiten mit, die innerhalb einer solchen Auswertung weniger Beachtung finden, im kommunikativen Geschehen aber unbedingt berücksichtigt werden müssen.

Wir sind gefragt, uns auf diese besonderen Kommunikationssituationen in der Begegnung mit sehr schwer beeinträchtigten Kindern einzulassen, die Signale, die unser Gegenüber uns macht, verstehen zu lernen, oft entgegen jeder Intuition und Logik. Einige allgemeine Hilfen dazu sollen im Folgenden noch gegeben werden.

Anmerkungen

1 Auch an dieser Stelle sei noch einmal darauf hingewiesen, dass immer wieder die Rede von der „Mutter" sein wird, weil in der dargestellten Untersuchung fast immer die jeweilige Mutter die engste Bezugsperson des Kindes war. Wie in Kapitel 5 bereits erläutert, treffen die Äußerungen aber auch auf andere Bezugspersonen zu.

8. Kommunikation – Hürden überwinden

Wie kann die Aufrechterhaltung der Kommunikation vereinfacht werden? Wie können Austauschprozesse erleichtert werden?

Es geht nach unseren Vorstellungen der Kommunikationsförderung an dieser Stelle nicht um neue Techniken der Förderung bzw. logopädische Intervention, sondern um die Suche nach verbesserungsfähigen Bedingungen, die es Müttern und ihren schwerbehinderten Kindern ebenso wie den anderen Familienmitgliedern oder auch Mitarbeitern in der Arbeit mit diesen Kindern erlauben, miteinander in befriedigende Austauschprozesse zu treten. Untersuchungen haben ergeben, dass dies von erheblichen Schwierigkeiten begleitet ist, dass der Regelungsaufwand, den beide Interaktionspartner bringen müssen, weit über dem Normalen liegt und somit sehr viel Energie absorbiert. Die Aufrechterhaltung von Austauschprozessen ist nach unserer Einschätzung so schwierig, dass dabei der eigentliche Austausch fast regelmäßig in gefährlicher Weise zu kurz kommt. So gelten unsere Überlegungen den Möglichkeiten, die diese Aufrechterhaltung verein-fachen und weniger anstrengend bzw. weniger dominierend sind.

8.1 Beziehung aufbauen

Sie sitzen im Zug. Ein anstrengender Tag liegt hinter Ihnen. Sie nehmen ein Buch aus der Tasche, lehnen sich zurück und beginnen, darin zu lesen. Ein Mann setzt sich zu Ihnen ins Abteil. Sie grüßen freundlich, wenden sich dann aber wieder unmissverständlich ihrem Buch zu. Begegnungen hatten sie bereits genug an diesem Tag. Völlig unvermittelt beginnt der Mann, ihnen von seinem Fahrziel zu erzählen. Sie schauen kurz hoch, lächeln, murmeln einen leisen Laut der Zustimmung und wenden sich dann noch unmissverständlicher ihrem Buch zu. Leider völlig erfolglos. In den folgenden zwei Stunden erfahren sie nahezu alles über dessen Kindheit, die zahlreichen Zahnerkrankungen und die Schulzeit seines Vaters. Als der gesprächige Mitfahrer aussteigt, atmen sie tief durch.

Kommunikation kann nur stattfinden, wenn mein Gegenüber dazu bereit ist

Erinnern Sie sich noch einmal an die Wortbedeutung von „Kommunikation“. Communicare – das ist: etwas gemeinschaftlich machen. Kommunikation kann nur dann stattfinden, wenn mein Gegenüber auch dazu bereit ist. Diese Bereitschaft aber, sich auf einen anderen Menschen einzulassen und ihm etwas mitzuteilen, basiert auf einer Begegnung und einer bestimmten Beziehung zu diesem Menschen. Nicht jedem Menschen, vor allem vielleicht nicht einem fremden Menschen, möchte ich meine Bedürfnisse eröffnen. Kommunikation bedeutet also immer auch Begegnung und Beziehung. Der erste Schritt, um eine kommunikative Situation mit einem Kind herzustellen oder dieses Kind in seinen kommunikativen Fähigkeiten zu fördern, muss also sein, dem Kind respektvoll zu begegnen, dieses Kind kennen zu lernen, eine Beziehung zu ihm aufzubauen. In der Begegnung mit schwerbehinderten Kindern ist es aber, wie schon erläutert, nicht möglich, auf unsere herkömmlichen Möglichkeiten und Strukturen zurückzugreifen. Ein Zugang zu ihnen kann sich oft nur auf einer sehr grundlegenden Ebene eröffnen, einer Ebene, auf der wir mit unserem Körper kommunizieren.

„Menschen mit sehr schweren Behinderungen benötigen (...) diese unmittelbare Körperlichkeit, sie brauchen den Kontakt, um die Anwesenheit eines anderen Menschen zu spüren. Nur über dessen Körper können sie wahrnehmen, was er ihnen mitteilen will." (FRÖHLICH, 1995)

Menschen mit schweren Behinderungen benötigen oft den Zugang über ihren Körper zum Dialog

Aber auch und gerade hier ist es bei aller notwendigen Nähe wichtig, sich dem Kind respektvoll zu nähern. STERN (2000) spricht davon, dass jeder Mensch eine Art „psychologische Blase" besitzt, die nicht zerstört werden darf, dass selbst Babys schon eine solche „Blase" besitzen und eine vorsichtige Annäherung benötigen:

„Die meisten Erwachsenen, sogar völlig fremde, benehmen sich so, als gäbe es bei Babys keine Intimdistanz – Schranke, oder so, als hätten sie selber keine dem Baby gegenüber. Sie denken sich nichts dabei, wenn sie gleich bei der ersten Begegnung Nasenkontakt herstellen.(...) Kleinkinder mögen es nicht, dass auf diese Weise die Grenze überschritten wird." (STERN, 2000, 31)

Berührung ermöglicht intensive Begegnungen, macht Kommunikation mit Kindern mit schweren Behinderungen oft erst möglich. Wichtig ist jedoch, dass ich in meinen Berührungen mein Gegenüber achte und respektiere und, wie in jeder anderen Kontaktaufnahme und wie in jedem anderen Dialog auch, die Signale meines Gegenübers beachte. Dass ich Kontakt behutsam herstelle, ohne mich aufzudrängen und auch ein Ablehnen respektiere. Am Anfang einer jeden kommunikativen Förderung steht also das behutsame in Kontakt treten mit dem Kind. Dabei muss ich mich fragen: Wie beziehe ich mich so gekonnt auf dieses Kind, das es dies als angenehm erlebt und in die Begegnung, in die Kommunikation mit mir einsteigt?

Behutsames in Kontakt treten mit dem Kind und die Frage: Wie kann Kommunikation zwischen uns beiden nun entstehen?

8.2 Der erste Schritt liegt bei mir

Ist es gelungen, Kontakt mit einem Kind aufzunehmen, so gilt es herauszufinden, welche kommunikativen Erfahrungen dieses Kind in seinem Leben gesammelt hat. Hat dieses Kind schon erlebt, dass es mit seinem Verhalten und seinen körperlichen und / oder stimmlichen Äußerungen das Verhalten anderer Menschen beeinflussen kann? Zeigt mir das Kind schon bestimmte kommunikative Signale? Was will es mir damit sagen? Ich muss dieses Kind immer mehr kennen lernen, um sein Ausdrucksverhalten verstehen zu können.

Welche kommunikativen Erfahrungen bringt dieses Kind mit?

Das Kind muss immer wieder den Signalwert seines Verhaltens erleben dürfen

Oder hat das Kind seine kommunikativen Möglichkeiten noch nie erfahren? Hat es vielleicht schon einmal eine Reaktion auf sein Verhalten erlebt, die aber schon so lange zurück liegt, dass es mittlerweile resigniert hat und sich kaum noch mitteilt?

In jedem Fall muss das Kind den Kreislauf der Kommunikation in unseren Begegnungen wieder und wieder erfahren, den Signalwert seines Verhaltens erleben und damit ermutigt und motiviert werden, sich mitzuteilen, wobei auf kleinste Signale geachtet werden muss.

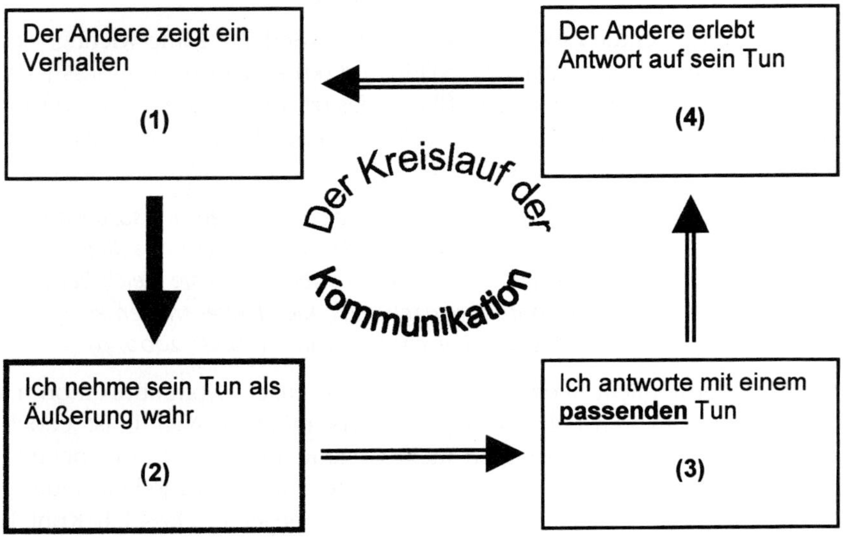

Abb. 8 (nach MALL 2002)

Annika, ein schwerbehindertes Mädchen, liegt in Seitenlage auf einer Lagerungshilfe. Ein Vibrationsgerät wird in die Nähe ihres Kopfes gelegt. Annika verfügt über wenig Kopfkontrolle. Sie neigt ihren Kopf etwa 1 cm in Richtung des Gerätes, bis sie dieses erreicht. Wenn ihr das Angebot zu lange dauert, dreht sie den Kopf minimal wieder weg (1). Das Gerät wird nun ausgeschaltet (2); (3). Sie zeigt durch ihre kleinen Bewegungen, wann und wie lange sie die Schwingungen spüren möchte. Durch das Ausschalten des Gerätes erfährt sie ihre Einflussnahme in der Situation (4) und somit eine der wichtigsten Grundlagen in der Kommunikation.

Den Signalwert seines Verhaltens muss ein Kind in der Begegnung mit anderen Menschen erleben, zusätzlich kann es ihn aber auch im Spiel erfahren, indem beispielsweise kleine Bewegungen bestimmte, gleichbleibende Wirkungen oder Veränderungen erzielen, die vom Kind wahrgenommen werden können.

Folgendes Beispiel soll diese Möglichkeit verdeutlichen:

Abb. 9: Auf diesem Bild ist Salome in ihrem Wagen zu sehen. Vor ihr wurde eine bunte Kette befestigt, an der mehrere Glöckchen (links) und bunte Bänder (ganz rechts) befestigt sind. Salomes Greifreflex wurde dazu „ausgenutzt", ihr die Kette fest in die Hand zu geben. Wenn Salome Musik spürt, so reagiert sie mit Bewegungen. Daher wurde ihr ein Kassettenrekorder auf den Bauch gelegt. Durch die Musik wird sie motiviert, sich zu bewegen, wodurch auch die Kette in Bewegung gerät, die Bänder flattern, die Glöckchen klingeln, Salome erfährt: Wenn ich mich bewege, dann passiert etwas! Gleichzeitig erhält sie visuelle Anreize durch das Flattern der Bänder.

8.3 Verstehen lernen

Die Mitteilungen, die mir ein Kind macht, kann ich nur verstehen, wenn ich das Kind immer besser kennen lerne. Ein Kind mit einer sehr schweren und mehrfachen Beeinträchtigung zeigt mir mit seiner Körpersprache vielleicht Dinge, die ich nicht einordnen kann, die ich falsch interpretiere, weil ich seine Sprache noch nicht verstehe. Was das Kind mir zeigt und welche Antwort passt, erfahre ich im Tun, im Prozess des sich aufeinander Einlassens und des sich immer besser Kennen- und Verstehenlernens.

Nur wenn ich das Kind immer besser kennen lerne, lerne ich auch, seine Signale zu verstehen

Was hat es nur zu bedeuten, dass Salome sich heute immer wieder auf eine Art und Weise überstreckt, die ganz und gar nicht gut für ihren kleinen Rücken ist? Warum gelingt es mir heute nicht, sie in eine stabile Position zu bringen, um etwas gemeinsam mit ihr zu tun? Salome ist zwei Jahre alt. Die Ärzte gehen davon aus, dass sie in einer frühen Schwangerschaftsphase einen Sauerstoffmangel erlitt. Salome ist mehrfach und schwer beeinträchtigt. Ihre Eltern wissen um die Schwere der Behinderung und schaffen es auf eine ganz besonders gute Weise, die Bedürfnisse ihres Kindes zu erspüren und darauf einzugehen. So weiß die Mutter auch in dieser Situation um Rat. Sie erklärt, ihre Tochter sei gerade sehr ausgeruht, habe ihre aktive Phase und bewege sich deshalb nun in den ihr zur Verfügung stehenden Mustern. Natürlich sei ihr bewusst, dass diese Bewegungen schädigend für Salome seien, aber sie nutze diese Phasen aus. Sie demonstrierte dies, wobei folgende Fotos entstanden:

Abb. 10: In diesen „aktiven Phasen" (etwa einmal pro Tag) setzt die Mutter ihre Tochter auf einen ihrer Oberschenkel und stellt deren Füße jeweils daneben auf den Boden. Die Arme ihres Kindes legt sie auf ihre eigenen Schultern (hier nicht zu sehen) und stützt Salome am Rücken und am Kopf.

Abb. 11: Streckt Salome sich nun wieder, so richtet sie sich in dieser Haltung auf, ihre Mutter muss dabei lediglich ihren Rücken und ihre Kopfhaltung unterstützen.

Abb. 12: Salome steht auf und erlebt sich dabei selbst als aktiven Partner innerhalb dieser Interaktion.

Abb. 13: Wenn Salome sich wieder entspannt, gibt auch ihre Mutter etwas nach und Salome kann sich wieder auf das Bein der Mutter setzen. Sie bestimmt in dieser Situation – im Gegensatz zu einer Aufrichtung mithilfe eines Stehständers – selbst Anspannung und Entspannung und kommt zusätzlich noch in die Aufrichtung.

Diese Situation konnte sich nur ergeben, weil Mutter und Kind sich sehr gut kennen und dadurch auf eine so außerordentlich gute Art und Weise in der Lage sind, miteinander zu kommunizieren. Salome erlebt sich in dieser Situation ganz aktiv. Sie spürt, dass sie durch ihr Handeln ihre Mama beeinflussen kann, die auf ihre Bedürfnisse eingeht; sie erlebt somit die Tragfähigkeit der Beziehung und erweitert durch solche Erfahrungen ihre kommunikative Kompetenz. In dieser Interaktion war Salome so wach und präsent, wie wir sie bis dahin noch nie erlebt hatten.

Mit den Bezugspersonen die Situation des Kindes genau beobachten, analysieren und dokumentieren

Neben diesem Prozess des sich Begegnens und Kennenlernens scheint es nach unseren Beobachtungen unverzichtbar, die individuelle Situation jedes einzelnen schwerbehinderten Kindes zusätzlich genau zu beobachten und zu dokumentieren. Jedoch kann dies nicht in einer Laborsituation, also einer künstlich hergestellten Situation, geschehen, sondern muss in Interaktionsprozessen mit den wichtigsten Bezugspersonen durchgeführt werden.

Wesentliche Beobachtungsfelder werden sein:

- die Atemsituation des Kindes (regelmäßige Atmung, Stimmgebung bei Ausatmung oder Einatmung, Atemtiefe ...);
- Modulationsfähigkeit der Stimme (Schreien, Jammern, Weinen, unterschiedliche Tonhöhen ...);
- Vorkommen bedeutungstragender, lautlicher Äußerungen;
- die Mimik des Kindes (Verdruss, Freude, Aufmerksamkeit ...);
- die Bewegungsfähigkeit, bzw. Reflexfreiheit oder Reflexabhängigkeit der Mimik;
- die spezielle Koordinations- und Bewegungsfähigkeit des Mundes (Lippen, Zunge, Kiefer),
- die Kommunikationsmöglichkeiten des Körpers (Spannung-Entspannung, bedeutungsvolle Bewegungsimpulse, reflexfreie Bewegungsmöglichkeiten ...).

Und wenn ich gar nichts erkennen kann? – Hilfen zur Beobachtung

Immer wieder jedoch begegnen wir Kindern, bei denen wir auf den ersten Blick keine kommunikativen Signale erkennen können. Wir fühlen uns im Zusammensein mit ihnen hilflos und haben das Gefühl, das unser Gegenüber nicht in der Lage ist, uns etwas mitzuteilen. In einer solchen Situation kann es hilfreich sein, systematisch zu beobachten. Worauf man dabei noch achten kann, soll im Folgenden aufgeführt werden. Diese Auflistung erhebt keinesfalls den Anspruch auf Vollständigkeit, außerdem muss immer wieder im Einzelfall abgeklärt werden, welche individuelle Bedeutung die

Anzeichen haben können. Aus diesem Grund soll auch auf mögliche Interpretationen der einzelnen Hinweise weitgehend verzichtet werden.

Die Augen

- ❏ sind die Augen geöffnet oder geschlossen,
  sind sie vielleicht aufgerissen oder zugekniffen?
- ❏ Bewegen sich die Pupillen oder verharren sie starr?
  Kann man Suchbewegungen oder Nystagmusbewegungen erkennen?
- ❏ Sind die Augen starr nach vorne gerichtet oder wendet das Kind sich mir mit seinen Augen zu?

Die Stirn

- ❏ Kann ich ein Stirnrunzeln erkennen?
- ❏ Hebt mein Gegenüber seine Augenbrauen – fragend – oder, um mich zu begrüßen?
- ❏ Sieht die Stirn des Kindes angestrengt aus?
  (Senkrechtfalten der Nasenwurzel)

Die Wangen

- ❏ Kann ich eingezogene Wangen beobachten, treten die Kaumuskeln stark hervor? Kann mein Gegenüber dann entspannt sein?

Die Nasenflügel

- ❏ Bewegen sich die Nasenflügel – vielleicht im Sinne eines „Schnupperns", eines Aufnehmens von Gerüchen, aus Neugier?

Der Mund

- ❏ Ist der Mund des Kindes geöffnet? Macht er einen angespannten oder einen entspannten Eindruck?
- ❏ Kann ich Schmatz- und Kaubewegungen sehen/hören? Sind diese Bewegungen wirklich nur ein Bewegen oder möchte das Kind mir etwas mitteilen, möchte es mit mir kommunizieren?
- ❏ Schmatzt das Kind, weil es Hunger oder Durst hat? Oder hat es vielleicht gerade Lust auf eine gustatorische Anregung, so wie wir auf das Stück Schokolade zwischendurch?
- ❏ Lacht oder lächelt das Kind? Gibt es Lautäußerungen von sich, die eine Bedeutung haben könnten? Schreit oder weint das Kind und drückt damit unmissverständlich sein Missfallen aus?

Der Körperausdruck

- ❑ Wie ist die Haltung des Kindes jetzt gerade? Hat es seinen Kopf abgewendet? Liegt der Kopf des Kindes sehr häufig auf dieser Seite, weil es seinen Kopf und dessen Bewegungen noch nicht ausreichend zu kontrollieren, zu halten und zu steuern vermag? Oder ist das Abwenden vielleicht die einzige Möglichkeit des Kindes, um Desinteresse zu signalisieren, um sich abzuwenden?
- ❑ Ist der Kopf des Kindes nach vorne „gekippt"? Darf ich dem Kind helfen, seinen Kopf wieder aufzurichten oder ist diese Bewegung, diese Haltung die Möglichkeit des Kindes, sich für einen Moment aus dem Geschehen auszuklinken?
- ❑ Wie ist die Muskelspannung des Kindes? Angespannt? Schlaff? Entspannt?

Die Schultern

- ❑ Wirken die Schultern des Kindes hochgezogen und angespannt? Fühlt es sich gerade unwohl?
- ❑ Machen die Schultern einen eher spannungslosen Eindruck? Möchte das Kind gerade einfach nicht aktiv sein? Hat es nach vielen Versuchen, sich auszudrücken, nun aufgegeben? Ist das Kind traurig?
- ❑ Entspannt das Kind einfach gerade, legt sozusagen eine Pause ein? Oder zeigt es immer einen so niedrigen Tonus?

Der Rücken

- ❑ Wirkt der Rücken des Kindes gebeugt, steif und hart? „Igelt" es sich damit – vielleicht unbewusst – ein? Der Rücken eines Menschen ist sensorisch relativ unempfindlich. Benutzt das Kind ihn als „muskuläre Panzerung", macht ihn groß und rund um möglicherweise seine „offene" und weitaus empfindlichere Seite abzuschotten und zu schützen?

Die Haut

- ❑ Welche Farbe hat die Haut des Kindes? Welche Temperatur gibt sie ab? Schwitzt das Kind?

Die Atmung

- ❑ Atmet das Kind eher hektisch, aufgeregt? Atmet das Kind ruhig?

Diese und andere, beobachtbare und spürbare Faktoren müssen dann in Beziehung gesetzt werden zu ihrer Interpretierbarkeit durch die Bezugsperson. Im Einzelnen wird gemeinsam zu klären sein, was die Komponenten bedeuten oder bedeuten könnten. Hierbei kann keineswegs auf vorgegebene Normen zurückgegriffen werden, wenn auch die sogenannte „kindliche Normalentwicklung" immer eine Orientierungshilfe bieten kann. Es zeigt sich aber immer wieder, dass erst die Bedeutungsstiftung der Bezugspersonen tatsächlich auch dem Kind langsam die Bedeutung des eigenen Ausdrucksverhaltens durch Reagieren und Wiederspiegeln erschließt.

Gemeinsam erarbeiten: Was können diese Signale bedeuten? Hier sind die engsten Bezugspersonen die „Profis"!

8.4 Die richtige Ausgangsposition

Die eingenommene Grundposition bzw. die Position, in die man ein sehr schwer behindertes Kind bringt, ist von entscheidender Bedeutung für seine Bewegungs-, Aktions- und Interaktionsmöglichkeiten. In diesem Zusammenhang sei auf die einschlägige Fachliteratur verwiesen. (FRÖHLICH 1999, S. 95 ff, bzw. STAATSINSTITUT FÜR SCHULPÄDAGOGIK UND BILDUNGSFORSCHUNG, München 1991).

Eine gute Ausgangsposition ist von entscheidender Bedeutung für den Verlauf der Kommunikation!

Von besonderer Bedeutung im Zusammenhang mit der Schaffung von Austauschmöglichkeiten ist die Symmetrie und der Gesamttonus des Kindes. Asymmetrische Positionen sind in der Regel kontraproduktiv, ein zu hoher oder ein zu niedriger Tonus macht es dem Kind fast unmöglich, seine Grundfähigkeiten einzusetzen. Gegebenenfalls ist mit Unterstützung einer Physiotherapeutin die optimale Ausgangssituation für kommunikative Austauschprozesse zu suchen. An dieser Stelle seien ein paar Hinweise gegeben:

Tipps zur Schaffung einer guten Ausgangsposition

- ❑ Häufig ist es günstiger, ein Kind in eine Sitzschale, einen Liegesack oder dergleichen gut zu positionieren, um ihm eine symmetrische Ausgangsposition zu ermöglichen. Das Halten im Arm bedingt nicht selten eine eindeutige Asymmetrie, die Gesichts – Gesichtszuwendung kann nur vollzogen werden, wenn das Kind aus der Symmetrieachse herausgeht. Dies hat, gerade im Hals-Nacken-Bereich, meistens eine Tonusveränderung zur Folge, die sich dann wieder auf das Gesicht auswirkt und somit die Möglichkeiten einer Mitteilung deutlich erschwert.

Asymmetrische Haltungen vermeiden, Sitzschale o.ä. kann Lagerung verbessern und Gesichtszuwendung ermöglichen

- ❑ Das Kind sollte möglichst reflexhemmend positioniert sein, um zu vermeiden, dass persistierende Reflexe ein Aktivwerden verhindern.

Reflexhemmende Positionierung

- ❑ Weiter sollte das Kind in einer sehr stabilen Ausgangslage sein. Fühlt es sich unsicher, hat es Angst, heraus zu fallen, umzufallen o.ä., so erhöht sich zum einen der Muskeltonus, zum anderen wird das Kind sich nicht mehr auf die kommunikative Situation einlassen können. Bei größtmöglicher Stabilität und Sicherheit sollte gleichzeitig auch die größtmögliche Handlungsfähigkeit für das Kind gegeben sein.

Stabile Ausgangslage

In Seitenlage: Aktivere Körperseite nach oben

- Bei einer Positionierung in Seitenlage ist darauf zu achten, dass die Körperseite, mit der das Kind aktiver handeln und sich ausdrücken kann, oben liegt. Auch hier ist die Handlungsfähigkeit eine der obersten Prämissen.
- Der Grundtonus ist ebenfalls von jeweils aktueller Bedeutung. Gerade die Mimik und die Atmung werden massiv von einer Tonusveränderung betroffen. Dem Kind kann es dann unter Umstanden nicht mehr möglich sein, seine vorhandenen Fähigkeiten einzusetzen, damit es zu einem Austausch kommt.

Das Kind muss sich wohl und sicher fühlen!

Für jede Positionierung des Kindes gilt: Das Kind muss sich in dieser Lage sicher und wohl fühlen. Wird es durch ein durch die Sitzposition bedingtes Unbehagen abgelenkt, ist es zu sehr mit dem Versuch beschäftigt, sich aus einer schmerzhaften in eine schmerzfreie Position zu bewegen, so wird es sich selbstverständlich nicht auf eine Kommunikation einlassen können.

Tonusregulierung durch entsprechende Lagerung und neurophysiologische Bewegungsförderung

Durch Bewegungserleichterung mittels entsprechender Lagerung und / oder Bewegungsförderung auf neurophysiologischer Basis kann sich die Muskelspannung normalisieren und damit auch die Koordination von Bewegungsabläufen erleichtert werden. Diese erleichterten Bewegungsabläufe wiederum unterstützen die Mitteilungsfähigkeiten des Kindes im somatischen Dialog.

Aus den angeführten Aspekten geht hervor, dass häufig Spontankommunikation nur sehr schwer zu realisieren sein wird, dass vielmehr ein zeitlicher und räumlicher Rahmen geschaffen werden muss, in dem beide Interak-tionspartner optimale Positionen ungestört einnehmen und darin auch verbleiben können.

8.5 Die Position der Bezugsperson

Eltern haben natürlich das Bedürfnis, mit ihrem Kind so normal wie möglich zu sitzen, zu gehen, zu stehen und sich zu unterhalten. Die Alltagsvorbilder aus Familie und Bekanntenkreis bringen solche Modelle, wie man ein Kind hält, wie man sich mit einem Kind unterhält, wie man mit einem Kind schmust, mit. Dabei werden jeweils kulturspezifische Elemente mit einbezogen, ohne dass dies in der Regel bewusst wird.

Nicht selten sind unkonventionelle Haltungen als Basis für eine Kommunikationssituation erforderlich

Wir konnten nun beobachten, dass gerade die klassischen „Kommunikationssituationen" oft nicht sonderlich geeignet sind. Das sehr schwer spastische Kind auf dem Arm zu halten, sich ihm zuzuwenden, erfordert auch außerordentlich viel Kraft, führt zu Verspannungen bei der Bezugsperson und reduziert dadurch die Aufmerksamkeit für die ohnehin nur sehr schwer lesbaren Zeichen kommunikativen Interesses.

Gerade bei Kindern, die noch weniger auf visuell – kommunikative Anregungen ansprechen, sondern eher vibratorisch – somatisch, das heißt mit dem ganzen Körper, kommunikative Angebote aufnehmen, benötigt man Unterstützung.

Hier kann es wesentlich günstiger sein, selbst in Rückenlage bequem zu liegen und das Kind auf dem Bauch liegen zu haben. Hierbei sind dann auch symmetrische Positionen viel einfacher herzustellen und aufrecht zu erhalten. Andere Kinder ziehen es vor, selbst in Rückenlage zu liegen, gegebenenfalls die Beinchen in einer unterstützten Beugehaltung, und die Bezugsperson liegt neben / über dem Kind um so größtmögliche Nähe und Sicherheit herzustellen.

Eine bequeme Ausgangsposition – auch für die Mutter – um sich ganz auf die Signale des Kindes konzentrieren zu können

Es ist also von großer Bedeutung, dass nicht nur das Kind, sondern auch die Mutter eine bequeme Position einnimmt, die es ihr erlaubt, sich nur noch auf die Signale ihres Kindes zu konzentrieren.

8.6 Zeitlicher Rhythmus und Dauer

Es kann hilfreich sein, frühe intuitive Kommunikationsstrukturen bewusst zu erlernen

Gerade die Untersuchungen von PAPOUSEK haben gezeigt, dass den Kommunikationsintervallen ein ganz spezifischer Rhythmus zuzuordnen ist. Sehr schwerbehinderte Kinder benötigen aber mehr Zeit, um die Kommunikationsangebote, seien sie nun mimischer oder stimmlicher Art, aufzunehmen und eine eigene Antwort zu formulieren. Daher müssen Eltern mit sehr viel Unterstützung lernen, den scheinbar „natürlichen“ Rhythmus des sogenannten „Baby-Talks“ zu verändern, das heißt die einzelnen Phasen zu verlängern. Dies ist nicht einfach, da nach den Untersuchungen von PAPOUSEK gewisse transkulturelle, möglicherweise biologische Steuerungsmechanismen diesen Rhythmus vorgeben. Aber die eigenen Arbeiten haben gezeigt, dass diese Rhythmen variiert, in unserem Fall vor allem verlängert werden können, so dass dann Kinder die Chance haben, zu reagieren und ihrerseits kommunikative Aktionen einzuleiten.

Schwere Behinderung heißt auch verzögerte Wahrnehmung: Modifikation des Baby-Talk für die Kommunikation mit schwer behinderten Kindern

Diese Fakten und die damit verbundenen Überwindungsschwierigkeiten müssten mit Eltern besprochen und dann aber auch unterstützend eingeübt werden.

FRÖHLICH (1999, 236) schlägt augrund der verzögerten Wahrnehmung von schwerbehinderten Kindern folgendes Vorgehen in Anlehnung an den Baby-Talk vor:

- *„Wählen einer optimalen Distanz von ca. 25 bis 30 cm von Gesicht zu Gesicht*
- *Bewahren der Vis-à-vis-Position von Gesicht zu Gesicht; ca. 60 Sekunden mimisch-stimmliches Angebot von Baby-Talk, dabei genaue Beobachtung des Kindes.*

- *Pause einlegen, um dem Kind die Chance zur eigenen Lautäußerung zu geben. Kommt diese Lautäußerung nicht, so wird ein zweiter und nach einer Pause ein dritter Durchgang Babytalk angeboten.“*

Die Angebote für das Kind sollten klar und eindeutig sein

Besonders wichtig ist in diesem Zusammenhang, dass die stimmlich-sprachlichen Angebote an das Kind, wie alle anderen Angebote auch, eindeutig sein müssen. Die Aussagen, die gemacht werden, sollten mit einer eindeutigen und übereinstimmenden Mimik dargeboten werden. Dabei sollte, wie in den frühen Interaktionsprozessen geschildert, auch die volle Stimmfrequenz – besonders im oberen Bereich – ausgenutzt werden. Vom Kind produzierte Laute sollten ohne Verzögerung so genau wie möglich nachgeahmt werden, um dem Kind seine Äußerung wiederzuspiegeln und damit zu verdeutlichen. Die Angebote orientieren sich also stark an den Interaktionsprozessen in der frühen Kindheit, mehr und weiter differenzierte Vorschläge für diese Form der kommunikativen Förderung in Anlehnung an den Baby-Talk finden sich bei FRÖHLICH, 1999, S. 231 ff.

8.7 Kreative Begleitung – Begleitung der Kreativität

Den eigenen Weg mit seinem Kind finden und offen sein für kreative Lösungen

Es scheint von ganz außerordentlicher Bedeutung in diesem hochsensiblen Bereich, der für das Wohlbefinden beider Kommunikationspartner, möglicherweise der ganzen Familie, von großer Wichtigkeit ist, offen zu sein für individuelle Lösungen. Die Orientierung an der sogenannten „Normalentwicklung“ darf nicht zu einer Normierung der Entwicklung werden. Eltern, aber auch ihr schwerbehindertes Kind müssen, wo immer dies möglich scheint, auf der Suche nach eigenen Lösungen unterstützt werden. Sie brauchen Bestätigung und Absicherung, dass ihr Weg auch zum Erfolg führen kann, dass auch ungewöhnliche Kommunikationsformen das Kind und die Beziehung fördern.

Wir haben in den pädagogischen und therapeutischen Disziplinen sehr lange auf „Korrektheit“ beharrt. Sehr viele Eltern stehen immer noch unter dem Eindruck populärwissenschaftlicher Forderungen, nur ja keine zu „kindischen“ Kommunikationsformen zu praktizieren oder zuzulassen. Im Umgang mit sehr schwerbehinderten Kindern spielen aber die Stimme, der Stimmklang, Melodie und Rhythmus eine viel wichtigere Rolle als korrekte Sprache und regelhafte Grammatik.

Eltern brauchen aber auch Unterstützung, wenn sie merken, dass ihnen eine schnelle, spontane Kommunikation kaum möglich ist. Wenn sie, wie oben angedeutet, sehr viel Zeit und Ruhe brauchen, um sich mit ihrem Kind verständigen zu können, wenn sie eine gewisse Exklusivität benötigen, möglicherweise den Rückzug ins Schlafzimmer, um sich dort zusammen mit ihren Kindern auf das Bett zu legen, so sind dies alles Besonderheiten, die oft ohne unterstützende Begleitung nicht leicht auszuhalten sind.

Kommunikation benötigt häufig eine gewisse „Exklusivität". Schwerbehinderte Kinder benötigen zur Kommunikation oft eher ein „Mono" als ein „Stereo"

Nicht selten benötigen schwerbehinderte Kinder eine solche „Exklusivität", um kommunikative Angebote überhaupt wahrnehmen zu können. In einem Umfeld, in dem neben dem Dialog zwischen Mutter und Kind noch Töpfe klappern, die Schwester fröhlich vor sich hin summend ein Bild ausmalt und der Papa sich bei offener Tür im Flur mit seinem Freund über die neueste Trainingsstrategie des örtlichen Fußballclubs unterhält, fällt es bei so vielen unterschiedlichen Reizen den Kindern oft schwer, sich wirklich auf die Kommunikation mit der Mutter einzulassen. Natürlich sollen auch und gerade schwerbehinderte Kinder ganz in den Alltag der Familie eingebunden sein, jedoch benötigen sie jemand, der ihnen ihre Umgebung und die Reize ihrer Umgebung so strukturiert, dass sie nicht verwirren und Angst machen, der die Reize auch einmal stark reduziert, um mit seinem Kind in einen Dialog treten zu können. Haben Sie schon einmal versucht, gleichzeitig Zeitung zu lesen, Radio zu hören, fern zu sehen und mit einem Freund am Telefon die weltpolitische Lage zu diskutieren? Sind Sie schon einmal mit einem Auto durch eine fremde Großstadt gefahren, unter Zeitdruck auf der Suche nach der richtigen Strasse und konnten sich so gar nicht auf das Gespräch mit ihrem Beifahrer einlassen um nicht die Orientierung zu verlieren? Vielleicht sind solche Erlebnisse vergleichbar. Schwerbehinderte Kinder sind oft auf ein „Mono" anstelle eines „Stereo" angewiesen, wenn sie Angebote nutzen können sollen. Bei aller „Inklusion" werden also immer wieder auch exklusive Situationen benötigt, die oft mit sehr viel Kreativität eruiert werden müssen.

Auch für Pädagoginnen und Pädagogen, Therapeutinnen und Therapeuten, die sich in diesem Bereich mit Eltern und behinderten Kindern beschäftigen, gilt der Appell an Kreativität, an Offenheit für neue Lösungen, welche die wichtige Beziehung zwischen den Eltern und ihrem schwerbehinderten Kind stiften oder aufrechterhalten.

Wie Eltern solche kreativen Lösungen für sich und ihre Familie gefunden haben, wird in dem folgenden Bericht einer Mutter sehr deutlich.

SALOME

„Salome ist unser drittes Kind. Sie ist am 3. August 2000 geboren. Die Schwangerschaft verlief normal. In der 34. Woche stellte der Arzt eine Steißlage fest. Dank guter Unterstützung und Abklärungen entschloss ich mich zur Spontangeburt. Bei der letzten Ultraschallkontrolle, kurz vor der Geburt, stellte man im Spital eine größere Kammer im Hirn fest, worüber wir uns aber, wie uns die Ärzte versicherten, keine Sorgen machen müssten. Die Spontangeburt verlief ohne Komplikationen.

Im Wochenbett stellten sich Saugprobleme ein. Die pränatal festgestellte Kammer im Hirn war kein Thema mehr. Da das Stillen immer mehr Zeit und Geduld in Anspruch nahm, suchte ich nach ca. 2 1/2 Monaten die Mütterberatung auf. Diese konnte jedoch nichts Außerordentliches feststellen, zumal Salome zwar langsam aber stetig zunahm.

Ca. 3 1/2 Monate nach der Geburt suchten wir den Hausarzt auf, welcher uns an einen Kinderarzt weiterleitete. Dieser stellte im November 2000 einen Entwicklungsrückstand von 6 Wochen fest, vermittelte uns an ein Team von Physiotherapeuten und meldete Salome zu einer neurologischen Untersuchung im Kinderspital St. Gallen an.

Jetzt hatten unsere Vermutungen Gewissheit erlangt. Der erste Schock der Prognose saß tief und musste erst einmal verarbeitet werden. Wir haben uns jedoch nie über das „wieso" und „warum gerade wir" Gedanken gemacht. Uns war aber mit einem Schlag bewusst, dass diese Prognose große Auswirkungen auf unser zukünftiges Leben haben würde.

Schon vor der Geburt unseres ersten Kindes war für uns beide klar, dass wir auch einem Kind mit Behinderung möglichst gute Eltern sein wollten. Jetzt hatten wir mit Salome Gelegenheit dazu bekommen, dies umzusetzen.

Genauere Untersuchungen am Kantonsspital St. Gallen gaben der Behinderung unserer Tochter einen Namen: infantile Cerebralparese bei kortikaler und subkortikaler Hirnatrophie, schwerer psychomotorischer Entwicklungsrückstand, Astigmatismus. Obschon uns die medizinischen Zusammenhänge stets interessierten, war für uns das Allerwichtigste, zu erfahren, wie wir Salome bestmöglichst fördern konnten.

Salome geht seither 2 x wöchentlich zur Physiotherapie und erhält zusätzlich 1 x wöchentlich Frühförderung. Die Physiotherapie und die Frühförderung geben uns viele Tipps, die wir, wenn immer möglich, in den Alltag einfließen lassen. Für uns ist es wichtig, zu verstehen, für was die Übungen gedacht sind. Nur wenn wir begreifen was die Übungen zum Ziel haben, können wir sie bewusst umsetzen.

Bald wurde klar, dass es eine Unmenge verschiedenster Therapien gibt. Das Wichtigste aber war zu erfahren, welche Fähigkeiten bei Salome zu welchem Zeitpunkt gefördert werden konnten. Eine davon war das Trinken aus der Saugflasche. Salome hat damit nach drei Monaten begonnen. Zudem haben wir immer wieder verschiedene Schnuller-Modelle ausprobiert, da wir von der Physiotherapie wussten, wie wichtig dies für die Mundmotorik ist. Salomes Schluckreflex ist vorhanden und sie kann auch weniger stark püriertes Essen zu sich nehmen.

Als Salome fünf Monate alt war, wurde ich von der Nachbarin in eine Selbsthilfegruppe für Familien von Kindern mit einer Behinderung eingeladen. An den monatlichen Treffs diskutieren wir unsere momentane Situation und tauschen

Erfahrungen mit Therapien, Ärzten, rechtlichen Möglichkeiten etc. aus. Dieser Gedankenaustausch mit anderen Müttern ist bis heute sehr wertvoll geblieben.

Zusammen mit der Heilpädagogischen Beratungsstelle wurde das „Sehen“ geschult. Diese Sitzungen gaben mir Einblick, wie wichtig es ist, mit den Händen die Gegenstände ans Gesicht und vor die Augen zu führen. Bei Übungen mit dem Spiegel konnte ich feststellen, wie es Salome behagte, ihr Äußeres zu entdecken. Wenn Salome alleine liegt, lassen wir ihr oft Musik laufen oder setzen ein Spielzeug nahe an ihr Gesicht, damit sich ihr Blick nicht im Raum verliert. In ihrer „Spielecke“ steht ein Spielbaum, an dem die unterschiedlichsten Gegenstände hängen, die beim Anstoßen klimpern, sich drehen oder baumeln. Diese Gegenstände grenzen ihr näheres Umfeld ab und sollen die Orientierung fördern.

Beim Essen sitzt Salome auf unseren Knien oder in der Sitzschale frontal vor uns. So haben wir direkten Blickkontakt und können manchmal die Hände mit einbeziehen.

Wenn immer möglich probieren wir Salome in den „Rummel“ mit den beiden älteren Geschwistern mit einzubeziehen. Ziel ist es ihr möglichst viele verschiedene Positionen anzubieten, z.B. Sitzschale ganz tief am Boden oder Bauchlage auf Kunststoffkeil.

Salome spannt ihren Körper zuweilen stark gegen hinten durch. Seit längerer Zeit probieren wir diese Körperspannung in senkrechtes Stehen umzusetzen. Dabei halten wir sie unter den Armen und stützen ihren Kopf.

Wenn Musik läuft oder bei gewissen Geräuschen nehmen wir zudem vermehrt Reaktionen wahr. Die Fortschritte waren aber insgesamt in den vergangenen 2,5 Jahren gering: Salome kann bis heute nicht selbständig sitzen, nicht selbständig den Kopf halten, nicht selbständig greifen und fixiert mit den Augen sehr schlecht. Aber jedes Mal wenn sich ein Lächeln auf Salomes Gesicht zeigt, werden unsere Bemühungen belohnt. Wir wünschen uns, und wir arbeiten fest daran, dass Salome in ihrem Leben weiterkommt, sich Schritt für Schritt weiterentwickeln kann. Das Schönste an unserer Arbeit ist, zu spüren, wie die ganze Familie mit dieser Aufgabe wächst und viele wertvolle Erfahrungen teilen darf.

Unser Tagesrhythmus ist sehr verschieden, da Salome sehr unterschiedlich schläft. Manchmal weint sie nachts sehr lange und muss dann tagsüber Schlaf nachholen. Das nächtliche Weinen kostet uns viel Schlaf und Energie. Da Salome sich selber nur sehr beschränkt bewegen kann, glauben wir, dass das Weinen oftmals auf Druckstellen bei andauernd gleicher Lagerung zurückzuführen ist. Ärzte haben bereits eine medikamentöse Behandlung (Schlafmittel) vorgeschlagen. Wir konnten dem jedoch nicht zustimmen. Verschiedene Methoden wie Hängematte, weiche Matratze oder mehrmaliges Umlagern haben Erfolg gebracht.

In unserer Situation sind gemeinsame Gespräche und Aussprachen wichtig. Wir versuchen auch unsere Situation von Zeit zu Zeit wieder neu zu überdenken. Bei allen Entscheidungen probieren wir auch die älteren Geschwister mit einzubeziehen, damit sie diese verstehen und akzeptieren können.

Auch in Zukunft werden wir eine sehr flexible Familie bleiben, die nicht nach vorgegebenem Rhythmus funktioniert, sondern jederzeit bereit ist, sich ändernden Umständen anzupassen."

8.8 Das Recht, anders zu sein

Pädagogisches und therapeutisches Handeln orientiert sich an den individuellen Fähigkeiten und natürlich auch an den Einschränkungen eines Kindes. Nicht statistische Durchschnittswerte bestimmen die Ziele der Arbeit, sondern die persönliche Entwicklung des jeweiligen Kindes. Schwerbehinderte Menschen werden nach unseren bisherigen Erfahrungen niemals „normal" sein, sie entsprechen nicht dem Durchschnitt, sie sind Individuen in einer ganz besonderen, häufig recht schwierigen Lebenssituation. Ihre Normalität unterscheidet sich von der unseren, und so müssen sich auch die Mittel der Verständigung, die Situationen, in denen Austausch möglich ist, teilweise von den unsrigen unterscheiden. Wir können nicht Kommunikationsförderung im Hinblick auf ein fernes Ziel betreiben, Kommunikation muss möglichst jederzeit möglich sein, kann nicht auf eine Zeit nach der Förderung verschoben werden.

Für Eltern ist es ein zentrales Bedürfnis, sich mit ihrem Kind verständigen zu können. Die Schwere der Behinderung, der Pflegeaufwand, die zusätzlichen Belastungen scheinen weniger deprimierend als die Unfähigkeit, sein Kind zu verstehen, von seinem Kind verstanden zu werden. Wohlbefinden muss ein pädagogisch – therapeutisches Ziel sein, sowohl für schwerbehinderte Kinder als gleichzeitig auch für ihre Eltern und Familien. Wohlbefinden, indem man sich versteht, Wohlbefinden, indem man sich mitteilen kann.

Dies wiederum entspricht der Normalität, Menschen suchen Wohlbefinden im Kontakt mit Anderen.

Abbildungsverzeichnis

WIR DANKEN DEN ELTERN VON JULE, MAJA, PAUL UND SALOME FÜR DIE SCHÖNEN FOTOS SOWIE DIE GENEHMIGUNG, DIESE VERWENDEN ZU DÜRFEN UND FRANZISKA STIEGER FÜR IHREN ERFAHRUNGSBERICHT!

Literaturverzeichnis

BAUBY, J.-D. (1997): Schmetterling und Taucherglocke. Wien.

BÜRLI, A. (2002): Die Zukunft der Heilpädagogik hat schon begonnen! In: SCHWEIZERISCHE ZEITSCHRIFT FÜR HEILPÄDAGOGIK 2. Luzern.

DE LA PORTE, C. / KAMPE, R. / SCHMITT, M. (1996): Schattensprünge. Gedichte über Behinderte. Karlsruhe

DORNES, M. (2001): Der kompetente Säugling. Sonderausgabe. Die präverbale Entwicklung des Menschen. Frankfurt a.M.

FRÖHLICH, A., HEINEN, N., LAMERS, W. (HRSG.) (2001): Schwere Behinderung in Praxis und Theorie – ein Blick zurück nach vorn. Texte zur Körper- und Mehrfachbehindertenpädagogik. Düsseldorf.

FRÖHLICH, A. (1999): Basale Stimulation. Das Konzept. Düsseldorf.

FRÖHLICH, A. (HRSG.) (1999): Wahrnehmungsstörungen und Wahrnehmungsförderung. Heidelberg.

FRÖHLICH, A. (1997): Schwerste Behinderung. In: HANSEN, G. / STEIN, R.: Sonderpädagogik konkret. Ein Handbuch in Schlüsselbegriffen. Bad Heilbrunn.

FRÖHLICH, A. (1995): Sprachstörungen und geistige Behinderungen. In: GROHNFELDT, M. (HRSG.): Sprachstörungen im sonderpädagogischen Bezugssystem (Handbuch der Sprachtherapie Band 8). Berlin. S. 129-147

FRÖHLICH, A. (1995): Dialog der Sinne. In: Zusammen, 9/95. Seelze.

FRÖHLICH, A. , LAZARUS, A. (1993): Wenn du bei mir bist. Kommunikationsstrukturen von Müttern und Kindern mit schweren Behinderungen. Heidelberg (PH-Script)

FRÖHLICH, A. (1989): Kommunikation und Sprache körperbehinderter Kinder. Dortmund.

FRÖHLICH, A. (1979): Die Förderung schwerst (körper-) behinderter Kinder – Aspekte einer Kommunikationsförderung. In: DITTMANN, W., KLÖPFER, S., RUOFF (HRSG.): Zum Problem der pädagogischen Förderung schwerstbehinderter Kinder und Jugendlicher. Rheinstetten.

GOLL, H. (1993): Aktuelle Tendenzen in der Pädagogik – Pädagogik und Andragogik für Menschen mit (schwerer) geistiger Behinderung in der internationalen Literatur. In: Zeitschrift „GEISTIGE BEHINDERUNG“, 32(4), S. 1-14.

GROHNFELDT, M. (1999): Störungen der Sprachentwicklung. Berlin.

HAUPT, U. (1993): Sprachtherapie bei Kindern mit cerebralen Bewegungsstörungen. In: GROHNFELDT, M. (HRSG.): Handbuch der Sprachtherapie Band 6: Zentrale Sprach- und Sprechstörungen. Berlin. S.371-388

HEDDERICH, I. (1999): Einführung in die Körperbehindertenpädagogik. München, Basel.

KALBE, U. (1991): Entstehung von schwersten Behinderungen, ihre Auswirkungen auf das Leben der Betroffenen und ärztliche Aufgaben. In: FRÖHLICH, A. (HRSG.): Handbuch der Sonderpädagogik, Bd. 12. Berlin.

KANE, G. (1992): Entwicklung früher Kommunikation und Beginn des Sprechens. In: Geistige Behinderung 4. Marburg, S. 303-317

KLAUß, TH. (1999): Ein besonderes Leben. Was Eltern und Pädagogen von Menschen mit geistiger Behinderung wissen sollten. Heidelberg.

KLUGE, F. (1999): Etymologisches Wörterbuch der deutschen Sprache (bearbeitet von Seebold, E.). Berlin, New York

KREBS, H. (1991): Sozialmedizinische und medizinische Aspekte zur Situation sehr schwer behinderter Menschen. In: FRÖHLICH, A. (HRSG.): Handbuch der Sonderpädagogik, Bd. 12. Berlin.

LARGO, R. (2002): Babyjahre. Die frühkindliche Entwicklung aus biologischer Sicht. Aktualisierte Neuausgabe. München.

LEYENDECKER, C. / HORSTMANN, T. (HRSG.) (1997): Frühförderung und Frühbehandlung. Wissenschaftliche Grundlagen, praxisorientierte Ansätze und Perspektiven interdisziplinärer Zusammenarbeit. Heidelberg.

LOMMEL-KLEINERT, E. (1997): Handling und Behandlung auf dem Schoß. München, Bad Kissingen, Berlin, Düsseldorf, Heidelberg.

MALL, W. (2002): Seminarmitschrift. Heidelberg.

MILZ, H. (1992): Der wiederentdeckte Körper. München.

MOLCHO, S. (1996): Körpersprache. München.

NYDAHL, P., BARTOSZEK, G. (2003): Basale Stimulation. Neue Wege in der Intensivpflege. München/Jena.

PAPOUSEK, M. / PAPOUSEK, H. (1989): Frühe Kommunikationsentwicklung und körperliche Beeinträchtigung. In: FRÖHLICH, 1989

PAPOUSEK, M. (1998): Vom ersten Schrei zum ersten Wort. Anfänge der Sprachentwicklung in der vorsprachlichen Kommunikation. Göttingen.

PAPOUSEK, M. (2001): Intuitive elterliche Kompetenzen. In: FRÜHE KINDHEIT, 4. Jg., Heft 1, S. 4-10.

PFEFFER, W. (1988): Förderung schwer geistig Behinderter, eine Grundlegung. Würzburg.

SARIMSKI, K. (2001): Kinder und Jugendliche mit geistiger Behinderung. Göttingen, Bern, Toronto, Seattle.

SCHAFFER, R. (1982): Mütterliche Fürsorge in den ersten Lebensjahren. Stuttgart.

STERN, D. (2000): Mutter und Kind. Die erste Beziehung. Stuttgart.

SZAGUN, G. (1996): Sprachentwicklung beim Kind. Weinheim.

TOMATIS, A. (1994): Der Klang des Lebens. Reinbek.

TOMATIS, A. (1994): Klangwelt Mutterleib. München.

ZIMMER, K., JONAS, R. (1996): Das Leben vor dem Leben. Die seelische und körperliche Entwicklung im Mutterleib. München.

ZIMMER, K. (1991): Das wichtigste Jahr. München.

ZOLLINGER, B. (1997): Spracherwerbsstörungen. Bern.

AutorInnenverzeichnis

Prof. Dr. Andreas Fröhlich	Sonderpädagoge, Kaiserslautern
Angela Simon	Sonderpädagogin, Kirrweiler

verlag selbstbestimmtes leben
Eigenverlag des Bundesverbandes für Körper- und Mehrfachbehinderte e. V.
Brehmstr. 5-7, 40239 Düsseldorf
Tel. 02 11/64 00 4-0 • Fax: 02 11/64 00 4-20
E-Mail: verlag@bvkm.de

Titel aus dem aktuellen Verlagsprogramm

Norbert Heinen/Wolfgang Lamers/Désirée Laubenstein (Hrsg.):
Basale Stimulation – kritisch-konstruktiv
Das Konzept der Basalen Stimulation ist mehr als 30 Jahre alt und hat sich in der Arbeit mit schwer behinderten Menschen etabliert. Die Anwendung wurde zudem für weitere Bereiche wie der Pflege oder der Gerontologie entdeckt. Anlass für die Autoren, eine kritisch-konstruktive Zwischenbilanz zu ziehen. Das Buch spiegelt eindrucksvoll die Bedeutung und Entwicklung des Konzeptes für die einzelnen (sonder-) pädagogischen Bereiche wider. Darüber hinaus werden hochinteressante Perspektiven, Differenzierungen und Zukunftsentwürfe entwickelt.
Düsseldorf 2006, 303 Seiten, Euro 17,40 (Nichtmitgl.), EUR 11,00 (Mitgl.), ISBN 3-910095-67-4

Andreas Fröhlich: Basale Stimulation – Das Konzept
Basale Stimulation ist keine Methode, ist keine Technik. Basale Stimulation versteht sich als ein Konzept. Konzept meint, dass es sich nicht um eine fertig formuliert und endgültig festgelegte Therapie bzw. Pädagogik handelt, sondern um essentielle Grundgedanken, die immer wieder neu bedacht und angepasst werden müssen. Im Zentrum steht der Mensch in seiner physischen Realität. Das erfolgreiche Standardwerk will eine Orientierung ermöglichen, Anregung geben. Dabei bezieht es neue Entwicklungen und Erfahrungen ein. Neben Kindern und Jugendlichen finden auch verstärkt erwachsene Menschen mit schwerer Behinderung Berücksichtigung.
Düsseldorf 1998 (2), 320 S., Euro 17,40 (Nichtmitgl.), Euro 11,00 (Mitgl.), ISBN 3-910095-31-3

Andreas Fröhlich/ Norbert Heinen/Wolfgang Lamers (Hrsg.):
Schwere Behinderung in Praxis und Theorie – ein Blick zurück nach vorn
Texte zur Körper- und Mehrfachbehindertenpädagogik Band I
Mit den regelmäßig erscheinenden Texten will der „verlag selbstbestimmtes leben“ aktuelle Themen und Fragen der Arbeit mit schwer- und mehrfachbehinderten Menschen einer breiten Öffentlichkeit zugänglich machen. Die einzelnen Bände werden zum einen die Theoriebildung der Körper- und Mehrfachbehinderung beleuchten und zum anderen die verschiedenen Arbeitsfelder darstellen. Im ersten Band werden erstmals alle aktuellen Förderkonzepte für Menschen mit schwerer und mehrfacher Behinderung vorgestellt und vergleichbar gemacht.
Düsseldorf 2001, 340 S., EUR 17,40 (Nichtmitgl.), EUR 11,00 (Mitgl.), ISBN 3-910095-50-X

Andreas Fröhlich/ Norbert Heinen/ Wolfgang Lamers (Hrsg.):
Texte zur Körper- und Mehrfachbehindertenpädagogik Band II
Schulentwicklung – Gestaltungs(t)räume in der Arbeit mit schwerbehinderten Schülerinnen und Schülern

Der zweite Band der „Texte zur Körper- und Mehrfachbehindertenpädagogik" widmet sich der aktuellen Frage der Schulentwicklung. Es wird dargestellt, inwieweit Schulentwicklung in Theorie und Praxis den Personenkreis von Schülerinnen und Schüler berücksichtigt. Der Band gibt einen guten Überblick über den aktuellen fachwissenschaftlichen Diskussionsstand sowie über realisierte Praxisprojekte und regt Diskussionen und Entwicklungen in Theorie und Praxis an.

Düsseldorf 2003, 350 S., EUR 17,40 (Nichtmitgl.), EUR 11,00 (Mitgl.), ISBN 3-910095-51-8

Nicola J. Maier (Hrsg.):
Leben pur – Ernährung für Menschen mit schweren und mehrfachen Behinderungen

Das Buch leistet mit seinen über 20 Autor(inn)enbeiträgen einen wichtigen fachübergreifenden Beitrag zum Thema Ernährung von Menschen mit schweren und mehrfachen Behinderungen. Es bietet Informationen über die Grundlagen der Ernährung, zeigt Möglichkeiten im Umgang mit Kau- und Schluckstörungen und Sondenernährung auf. Verschiedene therapeutische Ansätze zur Verbesserung der Essenssituation werden vorgestellt. Auch die Bedeutung der Zahngesundheit und Verdauung und Ausscheidung werden durch verschiedene Beiträge thematisiert. Elternberichte bereichern das Buch um eine gerade für ganzheitlich interessierte Fachkräfte und Eltern wichtige Perspektive. Literaturhinweise am Ende jedes Artikels ermöglichen eine intensivere Auseinandersetzung mit den Themen. Ein Glossar informiert über die wichtigsten Fachbegriffe.

Düsseldorf 2006, 250 S., EUR 14,90 (Nichtmitgl.) , EUR 10,00 (Mitgl.), ISBN 3-910095-65-8

Nicola J. Maier-Michalitsch (Hrsg.):
Leben pur – Schlaf bei Menschen mit schweren und mehrfachen Behinderungen

Was bedeutet die Nacht für Menschen mit schweren und mehrfachen Behinderungen? Gerade sie finden häufig keinen angepassten Schlaf-Wach-Rhythmus. Nächtliche Sondenernährung, Atemstörungen oder die Überwachung möglicher epileptischer Anfälle können zusätzlich dazu beitragen, dass der Nachtschlaf gestört wird. Davon sind auch Angehörige stark betroffen und leiden oft über Jahre

unter Schlafmangel. Beruhigungsmittel, z.B. auch in Einrichtungen der Behindertenhilfe eingesetzt, können keine dauerhafte Lösung sein. Das Buch stellt neue Lösungsansätze vor und vermittelt Grundwissen, das zum Verstehen der Schlafsituation beiträgt, wie über die Physiologie des Schlafes, die Chronobiologie unseres Körpers, den Schlaf-Wach-Rhythmus oder die Verarbeitung von Träumen. Zudem werden Möglichkeiten der Diagnostik, z. B. in einem Schlaflabor, aufgezeigt. Am Beispiel von Entspannungs- und Aktivierungskonzepten, alternativen Möglichkeiten der Lagerung oder Ein- und Durchschlafhilfen wird verdeutlicht, wie eine sinnvolle Entlastung der Eltern gelingen kann. Darüber hinaus stellt das Buch neue pädagogische Sichtweisen vor.
Düsseldorf 2008, 260 S., EUR 14,90 (Nichtmitgl.), EUR 10,00 (Mitgl.), ISBN 978-3-910095-70-0

Christel Bienstein/Angelika Zegelin (Hrsg.): Handbuch Pflege

Das Handbuch Pflege gibt praktische Hilfen für den Alltag und will einen Beitrag dazu leisten, Probleme im Vorfeld abzufangen. Den Schwerpunkt des Buches bildet die Darstellung pflegerischer Grundlagen und Möglichkeiten. Das Buch eignet sich für den Alltag zu Hause und in Einrichtungen. Die Gliederung nach häufig vorkommenden Fragestellungen und ein detailliertes Schlagwortverzeichnis erlauben einen schnellen Zugriff auf wichtige Themen und Probleme.
Düsseldorf 1995 (2), 250 Seiten, Euro 14,90 (Nichtmitgl.), Euro 10,00 (Mitgl.), ISBN 3-910095-25-9

Ursula Haupt: LEBEN ist JETZT – Spiritualität in der Zusammenarbeit mit körperbehinderten Kindern

Dieses Buch ist eine Einladung, sich dem Leben zu öffnen. Es ist geschrieben u.a. für Menschen, die mit Krankheit oder Behinderung leben, für Angehörige und Fachkräfte in der medizinischen Rehabilitation, Pflege oder Frühförderung. Spiritualität wird verstanden als Öffnung für die dem Menschen mitgegebene Verbindung mit der Quelle allen Lebens, die Liebe ist. Sie eröffnet neue Lebensperspektiven. Auf ihrem Hintergrund wird eine neue Annäherung auch an die so schwierigen Lebensfragen möglich: die Frage nach Krankheit, Behinderung und unserer Sterblichkeit. Es geht ebenso um die ganz konkrete Gestaltung des Lebens jetzt, aus der Verbindung mit der Quelle heraus, in der Zusammenarbeit mit Betroffenen in Pflege, Therapie, Förderung, in der Begegnung mit älteren Fachkräften und Kollegen.
Düsseldorf 2001, 195 S., 18 Abb., EUR 14,90 (Nichtmitgl.) EUR 10,00 (Mitgl.), ISBN 3-910095-49-6

Monika Aly/Götz Aly/Morlind Tummler: Kopfkorrektur oder der Zwang gesund zu sein – Ein behindertes Kind zwischen Therapie und Alltag

Die überarbeitete Neuausgabe plädiert für das Wagnis, hirngeschädigte Menschen ihr eigenes Leben entdecken und führen zu lassen. Immer noch wird das Leben behinderter Kinder von Geburt an medizinischen Weltbildern unterworfen. Die Fachkräfte schlagen Behandlungsmaßnahmen vor, und die Eltern müssen stellvertretend für ihre Kinder Entscheidungen größter Tragweite fällen. Die Autoren zeigen, wie sich Eltern eines behinderten Kindes von allgemeinen medizinischen Mustern verabschieden können, die zur Ghettoisierung behinderter Menschen beitragen. Hoch aktuell ermutigen sie Eltern, gemeinsam mit ihrem

behinderten Kind einen eigenen und vielleicht neuen Weg zu gehen.
Düsseldorf 2005, 132 S., zahlr. Abb., EUR 9,90 (Nichtmitgl), EUR 6,00 (Mitgl.), ISBN 3-910095-59-3

Karl Leitner: Sehnsucht nach Sicherheit. Problemverhalten bei Menschen mit Behinderung

Es gibt Menschen, die mit der Welt der „Normalen" nicht zurechtkommen. Ihre Normalität ist anders und wird bisher nicht anerkannt. Dieses Buch stellt erstmals Problemverhalten von Menschen mit Behinderung – wie aggressive, selbstverletzende oder autistische Verhaltensweisen – in den Mittelpunkt. Der Autor stellt Kontexte dar, in denen Problemverhalten entstehen kann, und leitet daraus heilpädagogische Konsequenzen ab. Er vermittelt darüber hinaus Grundlagen für ein Verständnis vom Problemverhalten als „Sehnsucht nach Sicherheit". Das Buch hat einen ausführlichen und ansprechenden Praxisteil. Darin wird anschaulich erklärt, wie Menschen mit Problemverhalten positiv unterstützt und begleitet oder wie Akutsituationen deutlich entschärft werden können.
Düsseldorf 2007, 161 S., EUR 13,90 (Nichtmitgl.), EUR 9,50 (Mitgl.), ISBN 978-3-910095-68-7

... weitere Titel aus dem Programm

Kinder mit cerebralen Bewegungsstörungen – I. Eine Einführung
Düsseldorf 1993 (4), 40 Seiten, Euro 3,50 (Nichtmitgl.), Euro 2,50 (Mitgl.), ISBN 3-910095-16-x

Kinder mit cerebralen Bewegungsstörungen – II. Förderung und Therapie
Düsseldorf 1993 (4), 52 Seiten, Euro 3,50 (Nichtmitgl.), Euro 2,50 (Mitgl.), ISBN 3-910095-17-8

Ursula Braun (Hrsg.): Kinder mit cerebralen Bewegungsstörungen – III. Unterstützte Kommunikation
Düsseldorf 2005, 40 Seiten, Euro 3,50 (Nichtmitgl.), Euro 2,50 (Mitgl.), ISBN 3-910095-61-5

Ursula Haupt: Kinder mit cerebralen Bewegungsstörungen – IV. Diagnostik: Entwicklung sehen – Förderung erleichtern
Düsseldorf 1997 (4), 40 Seiten, Euro 3,50 (Nichtmitgl.), Euro 2,50 (Mitgl.), ISBN 3-910095-29-1

Kinder mit cerebralen Bewegungsstörungen – V. Neue Wege in Förderung und Therapie
Düsseldorf 2003, 44 Seiten, Euro 3,50 (Nichtmitgl.), Euro 2,50 (Mitgl.), ISBN 3-910095-52-6

Kinder mit cerebralen Bewegungsstörungen – VI. Förderung und Therapie zwischen Fremd- und Selbstbestimmung
Düsseldorf 2005, 60 Seiten, Euro 3,50 (Nichtmitgl.), Euro 2,50 (Mitgl.), ISBN 3-910095-56-9

Bundesverband für körper- und mehrfachbehinderte Menschen e.V.

Brehmstr. 5-7, 40239 Düsseldorf,
Tel.: 02 11/64 00 4-0, Fax.: 02 11/64 00 4-20
E-Mail: info@bvkm.de, http://www.bvkm.de

Aufgaben und Ziele
Ein Leben in größtmöglicher Selbstständigkeit für Menschen mit Behinderungen ist unser oberstes Ziel. Im Mittelpunkt steht der einzelne Mensch mit Behinderung, eingebettet in eine für ihn überschaubare Gemeinschaft, die er akzeptiert und die ihn akzeptiert und trägt.

Sozialpolitische Interessenvertretung
In über 240 Mitgliedsorganisationen sind 28.000 Mitgliedsfamilien zusammengeschlossen. Wir sind sachverständiges, kritisches Gegenüber von Gesetzgeber, Regierung und Verwaltung. In dieser Funktion arbeiten wir zusammen mit den Dachverbänden der Wohlfahrtspflege und Behindertenhilfe.

Beraten, Unterstützen, Weiterbilden
Wir beraten unsere Mitglieder in allen Fragen der Rehabilitation und unterstützen sie bei der Gründung von Vereinen und Einrichtungen. Wir organisieren den Austausch von Betroffenen und Fachleuten durch Seminare, Tagungen und Weiterbildungsangebote.

Aufklären, Anregen, Durchsetzen
In unserer Zeitschrift DAS BAND (Auflage 25.000 Exemplare) werden alle aktuellen fachlichen und politischen Fragen dargestellt. Wir betreiben aktiv Öffentlichkeitsarbeit für Menschen mit Behinderung.

Ortsvereine
Eltern und Betroffene haben in ihren Städten und Gemeinden zahlreiche Einrichtungen in eigener oder öffentlicher Trägerschaft geschaffen: Von Frühförder- und Beratungsstellen über familienentlastende Dienste bis zu Schulen, Wohneinrichtungen und Werkstätten. Die unmittelbare Arbeit für und mit Menschen mit Behinderung leisten hier Fachkräfte gemeinsam mit ehrenamtlichen Helfern und Helferinnen.

Clubs und Gruppen
Junge Menschen mit und ohne Behinderung treffen sich in 50 Clubs und Gruppen und organisieren Gesprächskreise, Kurse sowie Freizeit- und Reiseangebote.

Landesverbände/ Bundesorganisationen
Die 12 Landesverbände koordinieren die Arbeit der Ortsvereine und haben eine Mittlerfunktion zum Bundesverband.

Die richtige Entscheidung: Mitglied werden
Unterstützen Sie die Arbeit eines Vereins in Ihrer Nähe durch Mitgliedsbeiträge und Spenden. Durch die Mitgliedschaft in einem Verein sind Sie Mitglied im Bundesverband. Tragen Sie als Fördermitglied im Bundesverband durch einen regelmäßigen Beitrag zur Verbesserung der Lebenssituation körper- und mehrfachbehinderter Menschen bei. Ihnen stehen sämtliche Serviceleistungen unseres Verbandes zur Verfügung. Sie werden über alle wichtigen Themen und Aktivitäten regelmäßig unterrichtet.

Unser Spendenkonto:
Bank für Sozialwirtschaft
BLZ 370 205 00, Kto. 7 034 203